"现代企业精细化管理"
班组长培训标准教程

班组长现场管理培训教程

第2版

杨 剑 邱昌辉 主编

·北京·

内 容 简 介

本书针对企业一线员工的直接组织者和指挥者——班组长，详细介绍了班组长现场管理的职责和现场管理基本技法。为了便于企业内部培训或培训公司对相关人员进行培训，本书将班组长现场管理培训分为十个标准模块，尽量使用大众化的语言，配置图表并条理化，注重实际操作性。本书重点介绍了现场管理基础、现场作业管理、现场 5S 管理、现场目视管理、现场看板管理、标准化维持与改善、现场物料管理、现场设备管理、全面质量管理及生产自动化管理等内容，既有系统性，又有很强的可操作性。

本书每个培训模块都是相对独立的一个知识单元，读者既可以从头到尾阅读，也可以单看一章、一节，甚至一个具体问题的解答。对于已经掌握的知识，也可以直接跳过，或者选择感兴趣的内容进行阅读。

本书适用于企业内部培训或培训公司对企业员工进行培训，也可供企业员工和管理人员自学参考。

图书在版编目（CIP）数据

班组长现场管理培训教程/杨剑，邱昌辉编著. —2版. —北京：化学工业出版社，2023.2（2025.8重印）
"现代企业精细化管理"班组长培训标准教程
ISBN 978-7-122-42572-0

Ⅰ.①班… Ⅱ.①杨…②邱… Ⅲ.①班组管理-生产管理-技术培训-教材 Ⅳ.①F406.6

中国版本图书馆CIP数据核字（2022）第220396号

责任编辑：廉　静　　　　　　　　　　装帧设计：王晓宇
责任校对：王　静

出版发行：化学工业出版社（北京市东城区青年湖南街13号　邮政编码100011）
印　　装：北京天宇星印刷厂
710mm×1000mm　1/16　印张14　字数257千字　2025年8月北京第2版第2次印刷

购书咨询：010-64518888　　　　　　　售后服务：010-64518899
网　　址：http://www.cip.com.cn
凡购买本书，如有缺损质量问题，本社销售中心负责调换。

定　　价：56.00元　　　　　　　　　　　　　　　　版权所有　违者必究

目前世界经济竞争有两条路径：一是信息化，二是工业升级。而工业升级就是"工业4.0革命"。新一轮国际博弈将围绕"工业4.0革命"来进行，"工业4.0革命"是当今大国崛起的必由之路，世界经济和政治版图将因此发生深刻变革！

中国对接"工业4.0革命"的具体措施，就是"中国制造2025"，"中国制造2025"是中国政府实施制造强国战略第一个十年的行动纲领。2016年4月国务院常务会议通过了《装备制造业标准化和质量提升规划》，要求对接"中国制造2025"。

"中国制造2025"提出，坚持"创新驱动、质量为先、绿色发展、结构优化、人才为本"的基本方针，坚持"市场主导、政府引导、立足当前、着眼长远、整体推进、重点突破、自主发展、开放合作"的基本原则，通过"三步走"实现制造强国的战略目标：第一步，到2025年迈入制造强国行列；第二步，到2035年中国制造业整体达到世界制造强国阵营中等水平；第三步，到新中国成立一百年时，综合实力进入世界制造强国前列。

"中国制造2025"战略落地的关键在人，尤其是处于末端管理的班组长的管理水平，直接决定了中国制造的水准。这套"'现代企业精细化管理'班组长培训标准教程"，就是专门为生产制造企业实现管理转型和提升管理水平而撰写的系列书。该系列书包括《班组长基础管理培训教程》《班组长现场管理培训教程》《班组长人员管理培训教程》《班组长质量管理培训教程》《班组长安全管理培训教程》，对班组长的综合管理、现场管理、人员管理、质量管理、安全管理的基本方法和技巧进行了全面而又细致的介绍。

这是一套汇集了当前中国企业管理先进的管理理论和方法，并且简明易懂、实操性很强的优秀之作,是企业职工培训的必选教材,也是企业管理咨询和培训的参考读物。我们相信,"'现代企业精细化管理'班组长培训标准教程"的出版,对提升我国企业的管理水平会有积极的推动作用。

(胡俊睿)
(中国航天科工集团)

前言

"决战在市场,决胜在现场"。现场是绩效之源、管理之纲、竞争之本、企业之窗。研究表明,制造企业中,企业管理职能80%集中在现场,生产现场职能的管理是优化管理的突破口,生产现场管理水平的高低,将直接影响企业的效率和竞争力。班组长是一线员工的直接组织者和指挥者,他们的现场管理能力将直接影响企业的生产能力,关乎企业能否按期、按质、按量交付客户满意的产品,甚至关系到企业的经营成败。

本书详细介绍了班组长现场管理的职责和现场管理基本技法。为了便于企业内部培训或培训公司对相关人员进行培训,本书将班组长现场管理培训分为十个标准模块,尽量使用大众化的语言,配置图表并条理化,注重实际操作性。本书重点介绍了现场管理基础、现场作业管理、现场5S管理、现场目视管理、现场看板管理、标准化维持与改善、现场物料管理、现场设备管理、全面质量管理及生产自动化管理等内容,既有系统性,又有很强的可操作性。

本书每个培训模块都是相对独立的一个知识单元,读者既可以从头到尾阅读,也可以单看一章、一节,甚至一个具体问题的解答。对于已经掌握的知识,也可以直接跳过,或者选择感兴趣的内容进行阅读。企业培训师可以根据自己的需要,略加修改就可以直接作为授课课件资料。

本书是以美的集团股份有限公司、深圳长城开发科技股份有限公司、深圳亿利达商业设备有限公司和某大型军工企业等单位的管理流程和方案为蓝本编撰而成,具有很强的实用性。在本书编写过程中,我们还深入深圳富代瑞科技公司、深圳双通电子厂等中小企业进行了实地考察和讨论,对于他们的大力支持,表示衷心感谢!

本书主要由杨剑和邱昌辉编著,在编写过程中,刘志坚、王波、赵晓东、许艳红、黄英、蒋春艳、胡俊睿、吴平新、贺小电、张艳旗、金晓岚、戴美亚等同志也参与了部分工作,在此表示衷心的感谢!

相信本书对战斗在企业一线的广大班组长或希望成为班组长的骨干员工,都是一本很实用的读物。如果您在阅读中有什么问题或心得体会,欢迎与我们联系。我们的联系邮箱是:hhhyyy2004888@163.com。

杨 剑

2022 年 10 月

目录 CONTENTS

第一章 现场管理基础 ………………………………………… 1

第一节 班组长现场管理的职责 ……………………………… 2
一、班组长现场管理的 6 大任务 …………………………… 2
二、现场管理的目标——QCDS …………………………… 3
三、现场管理的基本内容 …………………………………… 4
四、现场管理的工作原则 …………………………………… 5
五、现场工作有效推进的步骤 ……………………………… 7

第二节 班组长现场管控的基本方法 ………………………… 8
一、现场管理的基本方法 …………………………………… 8
二、什么是三现法 …………………………………………… 10
三、什么是巡视法 …………………………………………… 11
四、什么是 5Why 法 ………………………………………… 13

第三节 班组长现场管理的技巧 ……………………………… 16
一、如何进行现场工作指导 ………………………………… 16
二、如何进行交接班管理 …………………………………… 18
三、工位需要顶替怎么办 …………………………………… 19
四、如何做到让现场井然有序 ……………………………… 19

第二章 现场作业管理 ………………………………………… 21

第一节 班组长现场作业前的工作 ……………………………22

一、如何准确接收生产指示……………………………………22
　　　二、生产前要进行哪些准备……………………………………23
　　　三、如何确定作业速度与作业时间……………………………25
　　　四、如何制订与管理作业指导书………………………………29
　　　五、如何进行生产线安排………………………………………31
　第二节　班组长现场作业中的工作……………………………………33
　　　一、如何进行生产进度控制……………………………………33
　　　二、如何进行日常作业检查与巡查……………………………36
　　　三、如何进行作业切换管理……………………………………39
　　　四、如何进行生产异常处理……………………………………41
　第三节　班组长现场作业后的工作……………………………………44
　　　一、如何推行日常工作的QCDS…………………………………44
　　　二、如何进行作业日报管理……………………………………48
　　　三、如何填写工作日志…………………………………………50

第三章　现场 5S 管理 …………………………………………………53

　第一节　5S 管理的步骤和方法…………………………………………54
　　　一、5S 活动的 3 大原则…………………………………………54
　　　二、推行 5S 活动的 11 个步骤…………………………………55
　　　三、5S 推进的 7 大方法…………………………………………65
　第二节　班组 5S 管理实务………………………………………………75
　　　一、SEIRI（整理）在班组的具体实施…………………………75
　　　二、SEITON（整顿）在班组的具体实施………………………77
　　　三、SEISO（清扫）在班组的具体实施…………………………81
　　　四、SEIKETSU（清洁）在班组的具体实施……………………83
　　　五、SHITSUKE（素养）在班组中的具体实施…………………84
　　　六、5S 活动中的定置管理………………………………………85

第四章 现场目视管理 …………………………………………88

第一节 目视管理技术 ……………………………………89
一、目视管理的应用范围 …………………………………89
二、实施目视管理的三大原则 ……………………………90
三、目视管理的常用工具 …………………………………92
四、目视管理的实施方式 …………………………………94
五、目视管理的实施手段 …………………………………95

第二节 目视管理实施技巧 ………………………………96
一、简单实用的目视管理方法 ……………………………96
二、物料目视管理的实施方法 ……………………………97
三、设备目视管理的实施方法 ……………………………98
四、质量目视管理的实施方法 ……………………………99
五、安全目视管理的实施方法 …………………………100

第五章 现场看板管理 ………………………………………102

第一节 看板的种类与编制 ……………………………103
一、看板的种类 …………………………………………103
二、班组现场布局看板的编制方法 ……………………104
三、班组工作计划看板的编制方法 ……………………105
四、班组生产线看板的编制方法 ………………………106
五、班组品质现状看板的编制方法 ……………………107
六、班组工作看板的编制方法 …………………………107
七、班组人员动态看板的编制方法 ……………………107

第二节 准时制与看板管理 ……………………………109
一、JIT生产方式与看板管理 …………………………109
二、JIT看板的功能 ……………………………………110
三、JIT看板的使用原则 ………………………………111
四、JIT看板在班组实施的8个步骤 …………………112

五、JIT 生产专用看板的编制方法 ································ 113

第六章　现场标准化维持与改善 ································ 114

第一节　维持生产标准化 ································ 115
　　一、标准的维持与改进 ································ 115
　　二、班组现场作业标准的应用 ································ 116
　　三、标准作业的三要素与推进方式 ································ 116

第二节　现场改善基础知识 ································ 119
　　一、现场改善的三大终极任务 ································ 119
　　二、现场改善的 3 项基本原则 ································ 120
　　三、现场改善的 3 大内容 ································ 121
　　四、现场改善的 3 大必备意识 ································ 124

第三节　现场改善实务性技巧 ································ 125
　　一、现场作业人为失误如何改善 ································ 125
　　二、如何运用 3U MEMO 现场改善手法 ································ 127
　　三、班组现场改善的实施技巧 ································ 129

第七章　现场物料管理 ································ 132

第一节　物料分类与成本管理 ································ 133
　　一、如何进行 ABC 分类管理 ································ 133
　　二、如何进行物料成本控制 ································ 134
　　三、如何减少现场物料浪费 ································ 135
　　四、怎样充分利用边角余料 ································ 137

第二节　物料作业管理 ································ 138
　　一、如何充分了解物料状况 ································ 138
　　二、如何进行发料作业 ································ 140
　　三、如何杜绝物料领用错误 ································ 141
　　四、如何办理退料补货 ································ 141

五、如何进行物料搬运作业……………………………………………142

　　六、如何处理不良物料……………………………………………………143

　　七、如何进行辅助材料管理………………………………………………144

第八章　现场设备管理……………………………………………………146

第一节　班组设备管理……………………………………………………147

　　一、班组设备管理的内容…………………………………………………147

　　二、设备操作规程…………………………………………………………148

　　三、设备使用规程…………………………………………………………148

　　四、设备维护规程…………………………………………………………149

　　五、如何建立设备台账……………………………………………………150

　　六、如何进行设备日常保养………………………………………………151

　　七、怎样杜绝设备的异常操作……………………………………………152

　　八、怎么进行设备点检作业………………………………………………154

　　九、什么是设备点检制的"八定"…………………………………………155

　　十、班组设备点检制的六大要求…………………………………………155

　　十一、怎样进行设备点检的分类作业……………………………………156

　　十二、如何进行设备内部点检……………………………………………158

　　十三、如何进行设备日常巡检……………………………………………161

　　十四、如何进行设备三级保养……………………………………………162

第二节　生产工具仪器管理………………………………………………167

　　一、班组工具管理的内容…………………………………………………167

　　二、班组日常工具管理的实施……………………………………………168

　　三、怎样进行仪器设备管理………………………………………………169

第三节　全面生产维护（TPM）……………………………………………171

　　一、TPM 的特点与目标……………………………………………………171

　　二、TPM 活动的内容………………………………………………………171

　　三、TPM 推行的 3 个阶段和 10 个步骤……………………………………173

四、怎么开展自主保养 …………………………………………… 175

第九章 全面质量管理 …………………………………………… 179

第一节 如何推进班组质量管理 …………………………………… 180
一、影响产品质量的主因有哪些 ………………………………… 180
二、如何进行产品质量日常检查 ………………………………… 180
三、怎样提高生产直通率 ………………………………………… 181
四、班组如何有效提高产品质量 ………………………………… 182

第二节 如何进行现场质量控制 …………………………………… 183
一、如何在班组推行"三检制" ………………………………… 183
二、如何进行制程质量异常处理 ………………………………… 185
三、如何处理现场不良品 ………………………………………… 186
四、防止不良品有何要诀 ………………………………………… 186

第三节 积极参与全面质量管理（TQM） ………………………… 187
一、什么是 TQM（全面质量管理） ……………………………… 187
二、TQM 现场质量管理有何要求 ………………………………… 188
三、TPM 的基本方法——PDCA 循环 …………………………… 189
四、美的电器公司的 PDCA 特点 ………………………………… 191

第十章 生产自动化管理 ………………………………………… 193

第一节 生产自动化管理 …………………………………………… 194
一、什么是生产自动化 …………………………………………… 194
二、生产自动化管理的内容 ……………………………………… 194

第二节 生产自动化管理的难点与对策 …………………………… 195
一、生产自动化管理的难点 ……………………………………… 195
二、推进智能制造的六大对策 …………………………………… 197

第三节 自动化生产管理制度 ……………………………………… 199
一、工厂自动化生产管理办法 …………………………………… 199

二、职责划分 ·· 199
三、自动化系统维护管理 ····································· 200
四、自动化行业设备管理规范制度 ························ 201
第四节 深圳某公司自动化升级案例 ······················ 207
一、管理高度规范化 ··· 207
二、生产系统集中控制高度自动化 ······················· 208

参考文献 ·· 210

第一章 现场管理基础

现场管理是为有效实现企业的经营目标，对生产过程中的诸要素进行合理配置和优化组合，使之有机结合达到一体化，以达成质量优良、交货期可靠、成本低廉、产品适销对路的综合管理。

要达成有效的现场管理，班组长首先必须明白自己的工作任务，同时需要掌握一定的管理方法与技巧，对作业过程进行科学的管理和有力的推进。

第一节 班组长现场管理的职责

一、班组长现场管理的6大任务

现场是企业从事研发、生产及销售等生产增值活动的场所。现场管理，是指为了有效地实现企业的经营目标，对生产过程中的诸要素进行合理配置和优化组合，使之有机地结合达到一体化，以达成质量优良、交货期可靠、成本低廉、产品适销对路的综合管理。

现场管理的主要事项有保证生产效率、降低成本、安全生产、员工训练、改善现场环境、5S管理、改进员工工作技能、控制质量、停线管理等，概括为以下六大任务。

① 人员激励。提升员工的向心力，维持员工高昂的士气。
② 作业控制。制订完善的工作计划，运用正确的工作方法。
③ 质量控制。控制工作质量，执行自主品质保证标准，以达到零缺陷的要求。
④ 设备维护。正确地操作设备和工具，维持生产作业零故障。
⑤ 安全运行。采取必要措施，保证员工、产品的安全以及设备的正常运行。
⑥ 成本控制。节约物料，杜绝浪费，降低生产成本。

也有的把现场管理的任务表述为PQCDSM，如图1-1所示。

	现场任务		管理方法				管理方法	
			人	机	料	法	环	计划	控制
1	生产力	P	●		●	●		产能分析派工	余力管理
2	质量	Q			●	●		品质管理作业标准	产品质量控制
3	成本	C			●			成本降低	绩效管理、减少浪费
4	交货期	D	●		●			生产管理作业	交货期管理
5	安全	S				●	●	整理整顿	定期保养
6	士气	M	●	●			●	全员参与	绩效评估、教育训练

图1-1 现场管理的任务

① P—生产力（productivity）；
② Q—质量（quality）；
③ C—成本（cost）；
④ D—交货期（delivery period）；
⑤ S—安全（safety）；
⑥ M—士气（morale）。

二、现场管理的目标——QCDS

QCDS 是最初由丰田公司提出的作为衡量其供应商供应水平的指标之一，为 Qulity、Cost、Delivery、Safety 四个英文单词的缩写，意为：品质、成本、交货期、安全。班组长所有的管理活动实际上都是围绕 QCDS 来进行的。

1. Q——质量（Qulity）

产品质量就是产品的适用性，即产品在使用时能成功地满足用户需要的程度。用户对产品的基本要求就是适用，适用性恰如其分地表达了质量的内涵。质量是现场管理的第一目标。

2. C——成本（Cost）

成本控制是指管理开发、生产及销售良好质量的产品和服务的过程时，能致力于降低成本或维持在目标成本的水准上。

3. D——交货期（Delivery）

交货期是指及时送达所需求数量的产品或服务。班组长的主要工作之一是要确保最终能够将所需数量的产品或服务及时送达以符合顾客的需求。对班组长的挑战是实行对交货期承诺的同时，也能达成质量及成本的目标。"质量第一"，质量是成本及交货期的基础。

4. S——安全（Safety）

安全是指没有受到威胁，没有危险、危害、损失。人类的整体与生存环境资源的和谐相处，互相不伤害，不存在危险、危害的隐患，是免除了不可接受的损害风险的状态。安全是在生产过程中，将系统的运行状态对人们的生命、财产、环境可能产生的损害控制在人们能接受的水平以下的状态。

班组长应根据企业有关安全保护的基本方针和计划，切实做好安全保护工作。因此，理解安全生产保护的责任与权限，切实地把它做好，是很有必要的。

三、现场管理的基本内容

企业的主要活动都是在现场完成。企业生产管理水平的高低,主要看其现场管理是否为完成企业的总目标而设定了各项阶段性和细化的具体目标,以及是否很好地引导广大员工有组织、有计划地开展生产工作。鉴于现场管理在生产管理过程中的重要地位,班组长必须掌握和了解有关现场管理的基本内容。

表1-1列出了工厂常用的现场管理项目,请根据班组自身的特点进行调整,以便能正确、合理、高效地做好每一天的工作。

表1-1 常用现场管理项目

分类	序号	项目	计算方法
效率(P)	1	生产率	产出数量/总投入工时
	2	每小时包装数	包装总数/总投入工时
	3	日均入库数量	实数值
	4	日均出库数量	实数值
	5	日均检查点数	实数值
	6	日均装车数	实数值
	7	日均卸车数	实数值
	8	总标准时间	各工序标准时间之和
	9	流水线节拍	(品种不变)
品质(Q)	1	工程内不合格率	工程内不合格数/总数
	2	一次合格品率	一次合格品数/总数
	3	批量合格率	合格批数/总批数
	4	进料批量合格率	合格批数/总批数
	5	客户投诉件数	实数值
	6	不良个数率	返工个数/来料个数
	7	内部投诉件数	实数值
	8	内部投诉数量	实数值
交货期(D)	1	延迟交货天数	实数值
	2	完成品滞留天数	完成品平均在库金额/月平均
	3	按期交货率	按期交货批数/应交货批数

续表

分类	序号	项目	计算方法
交货期 （D）	4	总出货量	实数值
	5	各品种出货量	实数值
	6	生产计划完成率	按计划完成批数/总批数
设备 （E）	1	时间稼动率	（负荷时间−停止时间）/负荷时间
	2	运行利用率	有效运行时间/运行时间
	3	故障件数	实数值
	4	平均故障间隔时间	运行时间合计/停止次数
	5	平均故障时间	故障停止时间合计/停止次数
	6	故障件	实数值

四、现场管理的工作原则

与现场保持密切的接触，是效率化现场管理的第一步骤。在现场，当一个问题发生时。首先，必须按照现场现物的原则，详细观察问题；其次，必须找出问题产生的原因；最后，在确定解决问题的方式有效果后，必须将新的工作程序予以标准化。

现场管理的基本工作原则有以下几点。

1. 先去现场

现场是一切信息的来源。

班组长必须掌握现场中第一手的情况，并将其当作例行事务；班组长应当立即到现场去，在那里观察事情的进展。在养成到现场的习惯之后，班组长就能建立起应用惯例，以及解决特定问题的自信心。对于班组长而言，所有的工作都必须在现场。

2. 检查现物

现物指有形的实体东西，如一台故障的机器，一件不合格的产品，一件被毁损的工具以及退回来的产品等。

有问题或异常的状况时，班组长应该到现场去检查现物。借着在现场详细检视现物，重复地问"为什么"，有经验的班组长能够应用一般常识和低成本的方式，确认出问题的原因，而不用使用那些高深复杂的科技手段。假设生产出一件不合格的产品，只要将其简单地握在手中，去接触、感觉、仔细地观察，然后再去看看生产方式，便可能找出问题的原因。

改善是从问题认定开始。一旦认定清楚了，那就已经成功了一半。班组长的工作任务之一是要经常保持注视行动的现场，而且依据现场和现物的原则来认定问题。

3. 当场采取处理措施

认定了问题，班组长可以当场采取处理措施，比如工具被损坏，可先去领用新的工具或使用替代工具，以保证作业的继续。

但是，暂时的处置措施，仅是排除了问题的现象，并没有找到工具被损坏的真正原因。所以，班组长必须去查核实物，持续问"为什么"，直到找出产生问题的真正原因为止。

4. 找出真正的原因

事实上，班组长如果能当场审查问题，则大约90%的现场问题都能立即被解决掉。

然而，找出现场原因的最有效方法之一，就是运用5Why法持续地问"为什么"，直到找到问题的原因为止。此过程有时也称为"问5次为什么"，这是因为问了5次"为什么"，就有可能发现产生问题的原因。

例如，假设发现地板上有一摊油，可以进行以下的提问。

① 问：为什么地板上会有油？
答：因为有一台机器漏油了。
② 问：为什么机器会漏油？
答：因为机器的衬垫非预期磨损。
③ 问：为什么衬垫会非预期磨损？
答：因为购买的衬垫质量不符合要求。
④ 问：为什么购买的衬垫质量不符合要求？
答：因为购买时只考虑价格。
⑤ 问：为什么购买时只考虑价格？
答：因为降低采购成本是采购部绩效考核的重要指标。

如此例所示，经常地多问几次"为什么"，就可以确认出问题的原因以及采取相应的对策。比如，修订采购部绩效考核指标。

当然，视问题的复杂程度，质疑"为什么"的次数可能多于或少于5次。然而，人们倾向于看到一个问题（在此例就是在地面上的油渍）就立即下结论，以为堵住漏油就能解决好这个问题，真正的症结可能会与一般人的想象相差很大。

5. 标准化操作

现场管理人员的任务就是实现标准化操作。不过,每天在工厂里都会发生各式各样的异常现象,有机器故障、不合格品、生产目标未达成以及员工迟到。不论何时,问题发生了,班组长就必须要去解决,并且确定不会因同样的理由而再次发生同样的问题。一旦问题被解决后,新的作业程序就必须予以标准化,接着就要开始"标准化—执行—查核—处置"的循环。否则,班组长和员工就会一直忙于救火的工作。因此,现场管理的第五项工作就是"标准化"。

五、现场工作有效推进的步骤

一个有效的工作推进方法包括计划、管理项目、目标和定期报告。

1. 计划

即明确一定时期内的工作重要事项、目标、达成目标的时间及责任部门。一般大型公司会具体到班组,制订班或组的计划。例如表1-2是某年度三季度总装一班实施计划书。

表1-2 某年度三季度总装一班实施计划书

责任部门:总装一班

实施项目	目标	担当者	第三季度	管理项目
作业指导书编制系统手册化	7月完成	王组长		完成时间
减少组装不良金额	由0.114元/台减少为0.075元/台	张组长	● 作为组长日常业务 ● 每月不良原因分析 ● 制定对策	台均不良金额
管理损耗及原因不明损耗金额内容解读	78%的原因查明	李组长		原因解明率

2. 管理项目与管理目标

前节已经说到管理项目的重要性。工作的推动,除了管理项目外,设定目标也是很重要的。

班组工作与管理项目、管理目标之间有什么关系呢?

首先在众多的工作中要分析判断哪项工作是重点、是关键。这项工作确定后,再进一步检讨围绕着这项工作有哪些参数可以评价它,即它的管理项目是什么。然后通过调查、收集数据资料,来分析目前的现状,把握问题所在,最后根据本身的资源条件、内外环境的期望和要求确定合适的目标。

目标确定后，即可由此做出实施计划书，然后按计划推进和开展工作。班组工作、管理项目与目标的关系见表1-3。

表1-3 班组工作、管理项目与目标的关系

班组工作	管理项目	现 状	问 题 点	目 标
降低不良率	● 零部件不良率 ● 工程内不良率 ● 成品不良率	2.7% 1.2% 0.8%	外观不良占总不良的75%	外观不良半年内降低52%
提高生产能力	小时产量	100台/小时	表面处理等待时间0.28小时/批	表面处理等待时间0.06小时/批
提高设备效率	设备停止时间	9.2小时/月	跳闸占58%	3个月内减少60%
提高包装效率	日均包装数	1500台	备料时间浪费45%	3个月内提高12%
提高出入库精度	账物不符率	3.3%	包装材料账物不符占65%	半年内达到2%以下
目视管理活动	实施点数			250点/月
现场活力化	人均提案件数	0.5件/人	制造部人均提案0.1件	3个月内达到0.9件/人

3. 定期报告

就班组而言，定期报告是指对前期实施结果及成果向上一级主管（部门）进行汇报。定期报告是现场工作推进的重要一环，可使上一级主管部门了解工作的进展和班组员工的努力程度，以便做进一步的安排；另外，对于班组长来说，定期报告无疑也是一种压力，促使班组管理状况尽力向好的方向发展。定期报告包括班组月报、改善专题月报及期末工作报告等。

第二节 班组长现场管控的基本方法

一、现场管理的基本方法

正确的现场管理方法，可以使现场管理工作事半功倍，班组长应当灵活加以

运用。

1. 作业标准化

作业标准化即按目标能确保质量、成本和交货期，而且安全地进行生产活动的规定。对企业来说，作业标准化规定应该是目前被认为是最好的作业方法。要使作业标准化，班组长应做到以下几点。

① 要进行训练。只要进行了一定时间的熟悉和训练，无论是谁都可以进行作业。但能够作业不等于标准化作业。标准化作业需要通过一段时间的努力才能掌握。其中，培训是让员工掌握标准化作业的要点。制订标准只是标准化的第一步，培训和实施是第二步，不断对标准进行改进是第三步，然后重新培训。

② 要有规范约束。在进行作业时，作业标准对任何人都要有约束。作业标准是现场生产活动的法规，是作业的约束规定和条款，因此无论是谁都必须遵照执行，谁违反了规定就要受到处罚。从上一道工序、相关部门或间接的管理部门也都必须按作业标准行事，不能有任何异议。如果作业标准同实际情况确实有不相适应的地方，就应该考虑对其进行相应的调整和修改，而不是继续按照作业标准执行。

③ 要制订作业标准。为了杜绝浪费、不合适、不稳定等现象的发生，应明确现在规定的标准是唯一的作业方法。对作业而言，正确的方法在目前只有一种。和体育比赛纪录的刷新一样，如果有更好的方法，就要对旧标准进行修改，形成新方法从而制订新的标准化作业。

该过程可以描述成制订标准、按标准执行、检查效果及采取对策。参照PDCA循环的提法，日常管理的过程可以概括成SDCA，其中，S是英语单词"标准"（Standard）的第一个字母。换而言之，质量改进遵循的是PDCA循环，而现场管理遵循的是SDCA循环。

2. 作业书面化

① 作业书面化指的是将作业标准以文件的形式表现出来，即编制作业指导书。作业指导书起着正确指导员工从事某项作业的作用。

② 作业指导书要明确作业要求的5W1H。

作业名称——做什么（What）。

作业人——谁去做（Who）。

作业时间——什么时候做，在哪道工序前或哪道工序后（When）。

作业地点——在哪儿做（Where）。

作业目的——为什么要这么做（Why）。

作业方式——所用工具及作业方法、关键点（How）。

③ 作业指导书是在日常生产的现场中使用，它要求以浅显易懂的表达方式阐述作业要求。

3. 详细指导员工作业

编制好作业指导书后，班组长面临的下一个问题就是如何让每一个操作者遵照执行，因为员工很容易自以为是、想当然地行事。因此，一定要让操作者按照规定的作业指导书进行操作。班组长的重要任务，首先就是要指导操作者严格按作业指导书作业。

二、什么是三现法

三现法是指在现场发现问题时，应做到三个"即刻"：即刻前往现场、即刻了解现场实情、即刻处理现场问题。

1. "三现法"的工作要点

① 行为前的思维模式。班组长应时刻关注：什么事？什么时间？什么地方？已到什么程度？

行为前的准备工作：需要做什么准备？需要依次通知哪些相关人？需要哪些部门配合？需要先行上报与否？需要先采取哪些预防性措施？

② "即刻了解现场实情"的工作要点。班组长应关注：事情的程度如何？属于什么性质？已采取哪些防范措施？需要立即增加什么防范措施？有无人员伤害？有无财产损失？有无进一步扩大的可能？什么原因？详细过程是怎样？是否通知了有关部门？主要责任人是谁？这些都要做出正确的判断并做好相关记录。

③ "即可处理现场问题"的工作要点。安全第一，该撤离的立即撤离；尽可能地减少损失；及时通知协作部门；尽快恢复现场秩序；按正确决策分步骤进行解决；实施过程控制和监督；及时进行验收；尽快恢复正常作业；排除后遗症的例行检查；拟出总结材料并及时汇报。

2. "三现法"的管理效益

① 即刻前往现场的作用。任何问题的发生都存在一个时间确定的问题，抓住时间问题，就能尽可能减少事态朝坏的方面转化的可能性；尽可能地在第一时间把问题解决，其正面效应也将随之增强。

从企业的成本原则和效益原则出发，任何问题能在第一时间得到解决，就是对这两个原则的尊重。能够在第一时间出现在问题现场，不但提高了管理者的威信，而且还营造出良好的企业管理氛围，同时杜绝了可能形成的权力真空。形成权力真空是所有问题恶化的根本原因之一，特别是现场被无经验者操纵，其后果的严重性不堪设想。恶性事故与良性事故有时也就在一时之差：及时控制，可能变成良性事故；不能及时控制，瞬间就可能转化为恶性事故。

②即刻了解实情的作用。即刻了解实情不单单是使决策具备正确性，更重要的是可以使决策具有极强的针对性、全面性、权威性。即刻了解实情是防范一种事态掩盖另一事态的必要措施，缺乏这一措施，就算制止了显在明处的事态恶化，也会因为藏在暗处的事态恶化而造成更大的损失。即刻了解实情是将事故消灭在萌芽状态的必要举措，只有第一时间进行现场观察，才能采取积极的措施，控制住事态的恶化；即时观察不仅为解决问题提供了第一手资料，而且能为善后工作提供必要的决策依据，以保证问题处理的时效性。即刻了解实情，记录全过程，也能为企业留下一份较为全面的资料，以备在今后类似问题的处理过程中进行参考。

③即刻处理问题的作用。问题出现了，就要立即将其处理，不然只会让问题搁置或恶化。无论从根本原则出发还是从效益原则出发，只要是问题就应该及时处理；否则就会加大资源的损失。对问题朝良性方向转变抱有幻想，不采取任何防范性措施，就会丧失非常多的机会。秩序是企业作业正常化的第一要素，有问题不及时处理，势必影响企业的正常秩序，流水作业节拍一经打乱，要想恢复肯定会损失许多企业资源；如不及时处理，其损失必将随时间的增长而增大。

对人际关系问题不能及时处理，将可能影响全体员工的心态，影响企业的团队精神，降低全员劳动生产率。及时处理好各类已出现的问题，不仅维持了企业的正常作业秩序，而且维护了员工对企业的信心，保持了企业的凝聚力和向心力。及时处理好各类已出现的问题，既能维持班组长的形象，又能维护企业的形象。

三、什么是巡视法

现场巡视是指管理者深入作业现场，执行管理职能，发现问题并即时解决问题的一种重要的现场管理的作业方法。现场巡视是以"巡"与"视"为主要作业行为，并且其行为的范围约定在企业各类作业的发生点和进行地。俗话说，百闻不如一见。看一百份报告，听一百次汇报，不如亲自到现场去走一走、看一看印象深刻。

1. 现场巡视的目的

① 诊断与确定管理结果；
② 及时发现新情况；
③ 掌握第一手真实情报；
④ 增进与基层的沟通。

2. 现场巡视的主要方式

（1）定期巡视与非定期巡视

① 定期巡视是按确定时间巡视。比如，每周六全体管理者对各个工作部门进行巡视，每天上午工作前对作业人员的工作岗位进行巡视。这是一种常规的巡视方法。

② 不定期巡视是一种机动进行的现场巡视，可以随时对生产现场进行巡视。巡视者的巡视是带有目的性的。

（2）全面巡视与专题巡视

① 全面巡视是对整个现场的巡视。

② 专题巡视是按巡视内容来确定巡视方法，如作业人员的素养巡视、生产安全巡视、物品摆放巡视等。

（3）个人巡视与群体巡视

① 个人巡视是某部门经理或班组长一个人单独进行巡视，巡视内容由工作性质而定。

② 群体巡视是召集各部门人员，组成一个巡视小组，对生产现场进行规模较大的巡视。

（4）重点巡视与一般巡视

① 重点巡视就是对重点生产环节、重要生产地点进行有目的的抽验。

② 一般巡视就是对所有生产环节、所有生产地点进行全面的巡视。

班组长可以根据不同情况选择不同的方法：可以选择单一方法，也可以多种方法相结合。比如班组长可以采用不定期巡视法和全面巡视法相结合，也可以采用群体巡视法和重点抽查法相结合，确保更好地达到巡视现场的目的。

3. 现场巡视前应做的准备

① 确定巡视的目的、范围、方式和时间；

② 做好本班组的工作安排，并在看板上做好去向登记；

③ 必须按照规定换好去作业现场应穿戴的一切防护用品，佩戴好个人识别标识；

④ 清理出随身的违规物品；

⑤ 需要时做好全身消毒、消菌工作；

⑥ 不管到什么样的现场，都不得吸烟；

⑦ 按规定予以出入现场的登记；

⑧ 接受现场保安人员行动路线的指挥。

4. 现场巡视要特别注意可控制点的状况

生产中有些作业点，可以影响或制约整个作业流程的效率和节拍，这些点就是关键作业点，也是可控制点，控制这些可控制点就可能控制全线。现场巡视加强对这些点的重点注意程度可以起到事半功倍的效果。

5. 如何汇总现场巡视的结果

① 安全问题放在第一位，时刻确定有无安全隐患；
② 作业人员的状况、出勤率、实到人数、违规人数等；
③ 秩序状况正常与否；
④ 作业节拍是否正常；
⑤ 是否出现品质问题；
⑥ 有否出现作业意外中断的情况；
⑦ 设备的安全使用状况；
⑧ 动力设备及动力通道的保养状况；
⑨ 物流通道、人行通道的顺畅情况；
⑩ 安保人员的到位情况；
⑪ 是否有异常情况发生；
⑫ 综合分析记录；
⑬ 综合评价报告；
⑭ 责任人签名。

四、什么是5Why法

对于现场管理而言，清楚地认识问题是有效解决问题的前提。5Why法是现场管理发现问题根源并有效加以解决的工具。因此，在现场管理中，班组长应当根据实际情况合理运用5Why法，不断发掘现场中各种表面或潜在的问题，分析、揭示问题的根源，在及时解决问题时，制订有效的预防措施，防止问题重复发生，从而提升现场管理水平，实现高效生产。

1. 5Why法的内涵

所谓5Why法，是指针对某一问题点或事件，通过连续追问五个"Why"（为什么），以找到真正原因的方法。

在生产作业管理中，5Why法对于问题的分析一般包括制造、检验和体系三个层次（图1-2），每个层次经过连续5次或多次询问，就可发现根本问题，并寻求出解决方法。

5Why法是一种深度分析法和诊断性技术，用于识别和说明因果关系链，其根源会引起恰当的定义问题。

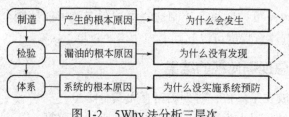

图1-2 5Why法分析三层次

为了便于更好地理解5Why法的运用，请看下面的案例。

问题（异况）：地板上有很多铁屑。

①问："为什么你将铁屑撒在地面上？"

答："因为地面有点滑，不安全。"

②问："为什么会滑，不安全？"

答："因为那里有油渍。"

③问："为什么会有油渍？"

答："因为机器在滴油。"

④问："为什么会滴油？"

答："因为油是从连接器泄漏出来的。"

⑤问"为什么会泄漏？"

答："因为连接器内的橡胶油封已经被磨损了。"

在上述案例中，经过连续5次不停地追问"为什么"，找到了问题的真正原因是"橡胶油封已经被磨损"，然后依此采取合理的解决措施，确保问题得到真正解决。

需要说明的是，在5Why法的使用过程中，一般至少需要问5个"为什么"，但不限定只做5次"为什么"的探讨。因为，在一些特殊情况下，可能问3次就可以发现问题的本质，而有时也许要问8次或更多次才能抓住问题的根源。总而言之，5Why法的原则是必须找到问题的真正原因之后才可停止提问。

2. 5Why法的优点

5Why法是一种系统解决问题的方法，它不急于立即解决"问题"（表面问题或间接问题），而旨在找出问题的根源，制订长期的对策，以便防止类似的问题或异常状况再发生。

5Why法与传统方法在解决问题的过程中有着较大的区别，二者的效果也截然不同。5Why法的优点主要表现在以下几方面。

①满足客户需求。对明确的问题根源做清晰的剖析，对缺乏的能力做出说

明，以便发现问题，并重视潜在的系统性问题。

② 具体操作运用十分简单。5Why法能够简单地呈现出因果路径，并将因果概括成摘要，而不需要技术细节，容易被他人理解。

3. 5Why法的实施步骤

5Why法是一种简单却十分有效的方法，通过对原因的层层分解、剖析，从而找一个问题不断发生的根本原因。

5Why法的实施步骤如下。

① 识别问题。初步了解了一个复杂或模糊问题的某些信息后，问：我知道什么？

② 澄清问题。澄清问题，以获得更清晰的认识和理解。问：实际发生了什么？应该发生什么？

③ 分析问题。尽可能地将问题分解成小的、独立的元素。问：关于此问题我还知道什么？是否还有其他子问题？

④ 查找原因。集中查找问题原因的实际要点。问：应去哪里？了解什么？谁可能掌握问题的有关信息？

⑤ 把握倾向。在问"为什么"之前，先把握问题的倾向。问：谁？哪个？何时？多少频次？多大量？

⑥ 判断原因。验证可见原因，并依据事实确认问题的直接原因。问：为什么发生问题？能否发现问题的直接原因？如不能，什么是潜在原因？如何核实最可能的潜在原因？如何确认直接原因？

⑦ 逐级排查。建立原因关系链，层层确认，直到找到根本原因。问：处理直接原因能否防止再发？如不能，能否发现下级原因？下级原因是什么？如何核实下级原因？处理了下级原因能否防止再发？

⑧ 制定对策。制订合理对策，去除根本原因，有效解决问题。问：纠正措施能否防止问题发生？对策是否有效？如何确认？

为确保5Why法发挥其应有的作用，应当编制如表1-4所示的5Why法检查表，以督促在运用5Why法的过程中按照正常的步骤进行。

表1-4 5Why法检查表

序 号	阶 段	项 目	备 注
1	把握现状	识别问题 澄清问题 分析问题 查找原因 把握倾向	

续表

序号	阶段	项目	备注
2	调查原因	判别/确认直接原因 5Why，识别根本原因 5Why，查找问题为何没被发现 5Why，确认为何系统允许问题发生	
3	纠正问题	实施纠正措施（至少是临时措施）	
4	有效预防	汲取经验教训 杜绝根本原因	

注：在"项目"栏中，已执行项目打"√"，未执行项目打"×"。

第三节 班组长现场管理的技巧

一、如何进行现场工作指导

仅仅告诉员工作业指导书是什么，是没什么实际意义的，必须使员工按照作业指导书规定的内容来进行作业。所以，在进行标准作业培训时，一定要让操作者有"必须遵守作业指导书"的强烈意识。由于员工的理解程度不同，因此在培训时要设法用容易理解的范例进行解释，争取在较短的时间内取得良好的效果。为了有效地指导作业，必须按以下几个步骤进行。

1. 对作业进行说明

着重讲解作业的"5W1H"，对现在从事的是什么样的作业进行说明。询问员工对作业的了解程度，以及以前是否从事过类似的作业；讲授作业的意义、目的以及质量、安全等重要性；重点强调安全方面的内容，使安全问题可视化；说明零部件的名称和关键部位、使用的工装、夹具的放置方法。

所谓可视化是指用眼睛可以直接、容易地获取有关方面的信息，比如应用标识、警示牌、标志杆、电子记分牌及大量的图表等。

2. 自己示范一遍，让员工跟着操作

示范时，对每一个主要步骤和关键处都要进行具体详细的说明，再针对重点

进行有效的作业指导；然后让员工试着进行操作，并让其简述主要步骤、关键点及理由，使员工明白作业的"5W1H"，如果有不正确的地方要立即纠正；在员工真正领会以前，要反复进行指导。

3. 注意观察、进行指导

要观察员工的操作，对其操作不符合要求或不规范的地方要进行指导，并让其知道在有疑问时如何能获得正确的答案。要让全体操作者正确理解和掌握标准作业方法，班组长要经常指导和观察，尤其重要的是坚持不懈地贯彻落实下去。这其中的关键在于要让全体员工都能理解作业指导书。作业指导书要放置在能看得见的地方或将其注明在提示板上。

4. 开展 5S 活动

企业有没有开展 5S 活动，从其作业现场是可以看出来的。没有开展 5S 活动的企业，车间和生产现场会显得杂乱无序，地上到处都是垃圾、油污和灰尘，零件及各种零件箱在地上随意乱放。各类人员和各种运输设备就在这样脏、乱、差的环境中低效地作业。可以想象，这种工作环境很难生产出高质量的产品，产品的成本也不可能是最低的。

没有开展 5S 活动的企业，即使拥有世界最先进的设备和高新技术，也不会产生高效益，因为 5S 管理是最基本的、最有效的现场管理方法。

5. 抓住工作重点

班组长负责的多半是日常事务，然而日常事务是多而繁杂的，如果没有技巧，就会事倍功半。所以，在工作中抓住重点，是胜任班组长这个角色的关键。

重点管理来自柏拉的"重点的少数"理论。换句话说，就是 20% 的工作，其重要性却占到了你全部工作重要性的 80%；另外 80% 的工作都是次要的，只占重要性的 20%。

对于日常事务，首先要进行盘点和思考，将那些"重要的少数"找出来，并且先完成它们。"重要的少数"的判断基准可以从以下几个方面考虑。

① 影响后续工作的事务；
② 影响指标指数的事务；
③ 有牵连影响的跨部门工作；
④ 上司特别强调的方面；
⑤ 员工所关注的工作。

以上五个步骤要优先实施，重点管理。当然，其余的工作并非不用做，而是要将有限的资源和精力合理安排。

二、如何进行交接班管理

交接班管理的任务是搞好岗位工作衔接，确保安全、均衡、文明的生产。班组长应在每次交接班时做好自己的工作。

1. 交班

① 交班人：交班组长。

② 交班前工艺要求：1h 内不得随意改变负荷和工艺条件，生产要稳定，工艺指标要控制在规定范围内，生产中的异常情况得到消除。

③ 设备要求：运行正常、无损坏。无反常状况，液（油）位正常、清洁无尘。

④ 原始记录要求：认真清洁，无涂改，指标准确，项目齐全；巡回检查有记录；生产概况、设备仪表使用情况、事故和异常状况都记录在记事本（或记事栏）上。

⑤ 其他要求：为下一班储备消耗物品，工器具齐全，工作场地卫生清洁等。

⑥ 接班者到岗后，详细介绍本班生产情况；解释记事栏中写到的主要事情；回答提出的问题。

⑦ 坚持"二不离开"：班后会不开不离开车间，事故分析会未开完不离开生产车间。

⑧ 坚持"三不交班"：接班者未到不交班，接班者没有签字不交班，事故没有处理完不交班。

2. 接班

① 接班人：接班组长。

② 到岗时间：提前 30min。

③ 到岗检查项目：生产、工艺指标、设备记录、消耗物品、工具、器具和卫生等情况。

④ 接班要求：经进一步检查，如没有发现问题，则及时接班，并在操作记录上签字。

⑤ 接班责任：岗位一切情况均由接班者负责，将当班最后 1h 的数据填入操作记录中，将工艺条件保持在最佳状态。

⑥ 坚持"三不接班"：岗位检查不合格时不接班，事故没有处理完不接班，交班者不在不接班。

3. 交接班的"三不"原则

(1) 三不交班

① 接班者未到不交班；

② 事故没有处理完不交班；

③ 接班者没有签字不交班。
（2）三不接班
① 交班者不在不接班；
② 事故没有处理完不接班；
③ 岗位检查不合格不接班。

三、工位需要顶替怎么办

工位顶替是班组长经常遇见和不得不面对的问题，卓越班组长需要能够轻松应对这些管理问题。

1. 出现工位顶替的时机

人人都有三分急，工位顶替的时机正是从这些"急"开始的，别看事小，可是产生的影响却很大。所以，这些日常小事一定要引起班组长的关注。通常这些时机主要有以下几种。
① 操作者需要方便，如如厕、饮水等。
② 操作者迟到或临时请假。
③ 操作者发生意外，如损伤手脚等。
④ 操作者需要处理上级批准的其他急务。

2. 管理方法

有人要离位，就要有人去顶，要满足人性需要就得付出资源成本，总而言之是需要预备相应的人员。但是，到目前为止，尚没有哪家企业找到能够两全其美的管理方法，不过下列方法可以一试。
① 需要离位的人员要向管理者提出口头申请。
② 离位者要卸下操作证，佩戴离位证。
③ 继位者一般由组长或助手担任，发出离位证，然后去顶岗。
④ 班组长要对顶替者的工作予以确认。
⑤ 操作者需要离位，如如厕、饮水等，要合理安排。
⑥ 班组要有后备人选，以应对操作者迟到、临时请假、操作者发生意外等。
⑦ 如果上司需要班组员工处理其他事务，应当尽可能提前通知班组长，以做适当的准备。

四、如何做到让现场井然有序

班组的现场管理水平是企业管理水平、企业的形象和精神面貌的综合反映。

事实上班组的现场管理水平是衡量企业素质及管理水平高低的重要标志之一。

现实生活中，企业中的班组长都知道做好生产现场管理工作的重要性，但是作为负责班组生产现场管理的主要人员，如何才能做好对现场的人员、材料、设备、环境和作业方法进行合理有效的计划、组织、管理、协调和控制，使其达到最佳状态，让生产现场看起来井然有序呢？

具体来说，优秀的班组长应该从制订详细合理的现场管理制度入手，对员工"动之以情，晓之以理"，让员工从心里意识到现场管理的重要性，并自觉遵守各项现场管理制度。同时，班组长还应该加强监管力度，保证制度能够有效实施到位。如此才能与班组员工一起营造出井然有序的生产环境。

对班组进行有效控制的方法有以下几种。

① 知道标准，并在必要时使用它们。

② 相信员工知道标准并且理解它们。

③ 使该标准同其他标准协调一致。

④ 注意反馈信息并积极去收集。

⑤ 精确而又仔细地解释反馈信息。

⑥ 按实际情况需要安排活动时间。

⑦ 采取例外控制。谁也无法控制每件事情，因此，要集中于重点，处理一些明显的偏差。

⑧ 随访。使用强化、奖励和惩罚措施；若需要，建立行为规范，防患于未然。

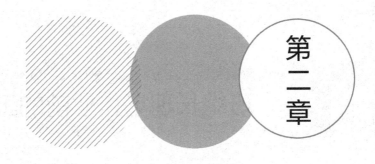

第二章

现场作业管理

作业管理是指为实现企业的经营目标，有效地利用生产资源，对生产作业过程进行组织、计划、控制，生产出满足社会需要、市场需求的产品或服务的管理活动。

生产作业管理是班组长的第一要务，班组长严格管控好作业前、作业中和作业后的各个环节，以实现科学、高效、安全生产的目的。

第一节 班组长现场作业前的工作

一、如何准确接收生产指示

生产指示是生产计划部门（上级）就生产作业事项对作业现场（班组）所做的指导与提示。对于班组长而言，准确地接收生产指示，理解作业任务，是保证班组作业质量的基础和前提。

1. 生产指示的表现形式

在实际工作中，生产指示通常以生产指令单为主要的表现形式。生产指令单（表2-1）是生产安排的计划和核心，一般包括产品名称、生产日期、生产数量等要素。

表2-1 生产指令单

编 号		生产单位			制表日期	
生产单号				产品规格		
产品编号				生产数量		
产品名称				生产日期		
生产工艺						
料 号	品 名	规 格	单 位	数 量	备 件	备 注

2. 生产指示的接收技巧

为了保证生产指示顺利被接收，促使生产作业高效进行，班组长在接收生产指示时应当运用 6W3H 法提出问题进行思考，从而可以正确地把握和理解生产指示的内容。6W3H 法的具体内容见表 2-2。

表 2-2　6W3H 法的具体内容

内　容	内容说明
What	该生产指示的工作内容是什么，以及完成指示后的状态。经过 What 的质问，便于确认生产指示的内容、期望、目标等是否一致、正确
When	完成生产指示的时间期限，包括工作的开始、各步骤完成的时间和工作全部完成的时间
Where	执行生产指示的场所，即由哪个班组执行
Who	执行生产指示需要接触、关联到的对象，如班组长、作业员、物料员、质检员、其他协助者
Why	理由、目的、根据，即为什么这样做而不要那样做，如为什么使用这个参数？为什么使用这种材料
Which	根据前面 5 个 W，做出各种备选方案
How	达成生产指示所使用的工艺方法、手段、程序等
How many	需要多大、多少，以计量方式让工作数量化，如产品规格、数量等
How much	完成生产指标的预算和费用

二、生产前要进行哪些准备

生产准备是新产品从开始试产到批量正常生产的整个过程中，为了保证新产品能够按计划顺利进行试产、批量生产，保证产品质量，而进行的相关人员培训、指导书制订、物料调配、设备（含工具、量具、工装）的准备活动。这个活动过程通常也称为生产准备阶段。

生产准备工作的质量直接决定了生产的实际效果。因此，班组长应该积极参与和配合生产准备工作，以实现生产的最佳效益。

1. 技术文件方面的准备

技术文件（如产品和零件的图样、装配系统图、毛坯和零件的工艺规程、材料消耗定额和工时定额等）是计划和组织生产活动时极为重要的依据。新的或经过修改的技术文件，应当根据生产作业计划的进度，提前发送到有关的生产管理科室、车间和班组，以便有关部门安排生产作业计划和事先熟悉技术文件的要求，及时做好准备。

2. 原材料和外协件的准备

进行生产必须具备品种齐全、质量合格、数量合适的各种原料、材料和外协件等,这些物资由物资供应部门根据生产计划编制物资供应计划,并进行必要的订货和采购。由于生产任务的变动,或由于物资供应计划在执行中的变化,生产部门在编制生产作业计划时,必须同物资供应部门配合,对一些主要原材料、外协件的储备量和供应进度应进行仔细检查。物资供应部门要千方百计满足生产的需要;生产管理部则要根据物资的实际储备和供应情况,对计划进行必要的调整,以防发生停工待料现象。

3. 机器设备的检修准备

机器设备是否处于良好的状态,能不能正常运转,是保证完成生产作业计划的一个非常重要的条件。生产管理部门在安排作业计划时,要按照设备修理计划的规定,提前为待修设备建立在制品储备,或者将生产任务安排在其他设备上进行,以便保证设备能够按期检修。机修部门要按照计划规定的检修期限,提前做好检查、配件等准备工作,按期把设备检修好,确保工作顺利进行。

4. 工艺装备的设计和制造

产品制造过程中的各种工具、量具、模具、夹具等装备,是保证生产作业计划正常进行的一项重要的物质条件。编制生产作业计划时,要检查工艺装备的库存情况和保证程度。有的要及时申请外购,有的要工具部门及时设计和制造,有的则要补充和检修。

5. 人员方面的准备

由于生产任务和生产条件的变化,有时各工种之间会出现人员配备不平衡的现象,这时要根据生产作业计划的安排,提前做好某些环节劳动组织的调整和人员的调配,保证生产作业计划的顺利执行。

6. 编制生产准备计划

生产准备计划要与生产作业计划衔接一致。在生产准备计划中,要明确规定各项准备工作的内容、要求、进度和执行单位。生产准备内容见表2-3。

表2-3 生产准备内容

序 号	内 容	备 注
1	工作计划:包括生产产品、数量、交货期等	
2	人员准备及调配	
3	核对制品规范	
4	参考样品或图面以查对产品质量	

续表

序号	内容	备注
5	材料之准备与领用	
6	工夹具、模具的准备	
7	点检设备	
8	填写生产日报表或生产看板	
9	检查是否有半成品、不良品或备品待生产或处理	
10	其他协调事宜	

7. 核算设备和生产面积的负荷程度

为了落实生产作业计划，在规定车间生产作业计划任务的同时，还需要核算设备和生产面积的负荷程度，发现薄弱环节，及时制订和实现克服薄弱环节的措施，以便保证生产任务的实现和消除负荷不均衡等现象。

由于在编制年度生产计划时已经进行过设备负荷的核算，在大量生产和定期成批生产中，假若月度作业计划任务与全年生产任务安排一致，就不需要每月再核算设备的负荷。如果有变动，则需要核算负荷。这时，也不需全面核算，一般情况下是按最大日产量（或最大的生产间隔期产量）核算关键性设备和薄弱环节的负荷情况。

在不定期成批生产和单件生产中，通常在编制年度计划时还不能进行设备负荷的详细核算，所以必须每月按设备组分别核算其负荷程度的高低。为了能使全月均衡负荷，还需要按旬或周来分别核算。

对于平行的车间，即工艺相同而产品不同的车间，计划任务的分配首先应该按其产品专业化的特点决定。但是经过设备负荷核算以后如果发现各平行车间的任务不平衡，也需要适当地改变任务的分配情况。

三、如何确定作业速度与作业时间

班组长只有掌握每天的作业进度，才能如期完成工作。而只有确定作业时间和作业速度，班组长才能掌握每天的作业进度。

1. 作业时间

首先，教育员工不要仅以加工（作业）时间来对待工作，产品的制造过程由工程之前的搬入材料或半成品时开始，到转入下一个工程时才算完结，其流程如图2-1所示。

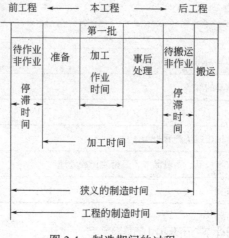

图 2-1　制造期间的过程

仅考虑作业的时间,而不管怎样加以分析或记录制造时间,要想排除工作场所的差异或浪费,是非常困难的。

比如不考虑到工程中的停滞是如何发生,就无法把改善日程的安排做好。停滞只有以数字来加以控制,工程才可一件接一件地进行。

如果同时承办许多工程,就更容易产生因"错综复杂"而增加停滞的现象。比如管理人员不检查清楚,就会提前进料,从而使得现场积压大量的待工材料与半成品。

2. 缩短制造日程

班组长在工程受理后,应当立即与下属一起检讨工程制造的适当时间,比如待料非作业的时间、准备时间、事后整理的时间以及等候搬运的时间或日数。

各依其代表性物品搜集资料,并以数值来控制非作业的情形。

班组长不但要求每一个员工认真工作,而且应注意物品的停滞,即在非作业的情形下,也应使下属设法排除或缩短日程。

班组长还要以分析的眼光,注意自己职务范围内的物品是以什么过程和什么时间转移到下一进度的。制造期间的过程如图 2-1 所示。

3. 正常作业速度

现场的班组长时常无法掌握员工的作业步骤、速度是否正常。正常与不正常之间有多少差别,有些班组长也无法进行评定。

员工作业速度的出入是很大的。许多班组长往往只知其出入的大小,而不能加以正确的评定,这是因为班组长接受有关速度评价的教育训练不够所致。

虽然有作业标准为依据,但作业时间仍然会因人而异,以至于要视作业者的每一个动作是否能得心应手而定。

一般而言,工作的速度依技术、熟练程度、责任心与身体状况4个因素而定,必须机械工具齐备,才能使作业快捷顺利。同时,作业时的动作,如技术属于同一水准,则要靠作业人员本身的努力,才能使动作更加快速。

对班组长来说,评定速度是对员工监督指导及制订标准时间所不可或缺的,但这种评价不可单凭班组长的直觉来判断。一般情况下,班组长对于正常的速度都有自己的标准,但作业速度评定技术,是为了班组长的速度评定更为客观而设定的。

现在以某一作业为例。假定此作业是以标准值88%的速度进行,而班组长测为92%,这是在±5%的幅度以内,故速度的判断可以认为是正确的。也就是说标准值与评定值(观测值)的差别是在±5%以内时,这个管理人员的速度评定值是可以供作实际参考应用的。

正常速度的标准是多少?比如把30支针头用双手插入标准的板孔内,需246s。正常作业速度,在管理良好的工作场所中,对一个熟练工是可以期待的速度。如果管理人员对熟练工高效率的动作还觉得太慢时,他就无法做出正确的速度评价了。

4. 标准工时的改善

作业所需的时间,会因工厂的技术、工程、机械设备及使用材料的革新而急速降低,并随着企业的管理能力及作业者熟练度的提高而慢慢地减少。因此,由标准时间可看出一个企业的实力和潜力。

无论做何种工作,必定有正式或非正式的规定完成时间,现场工作也比较容易适用这种做法。

不过无论在多短的时间里进行作业,如因机械故障和材料用完而引起的待修、待料,指示不当而一再商议,或文件规定不恰当一再请示等主体作业以外的非作业时间一多,即使再努力设法缩短作业所需的(主体)时间,也无法使作业有所进展。换而言之,现场管理人员应该注意自己工作场所的主体作业时间与非作业时间的比例。

非生产时间也称宽裕时间,通常分为因事宽裕、疲劳宽裕、作业宽裕及职场宽裕等。其细节内容、标准或因行业、工种而有不同,但管理者有责任减少作业宽裕与职场宽裕时间。

确立技术标准与管理体制,减少不必要的接洽或等待,改善作业法,提高下属的熟练程度,则非作业时间与主体作业时间的比例就会渐渐改进。

作业时间中宽裕时间(非作业时间)所占的比率因工作场所、机种、作业之差别而有不同,但最好限定在15%左右。

$$标准时间 = 主体作业时间 \times (1+ 宽裕率)$$

这一标准时间，可借助工作的合理化及从业人员能力的提高而有效降低，并由现场管理人员来执行。如果想减低标准时间，则应按宽裕类别致力于减低非生产作业；试求主体作业的合理化；使作业者彻底认识减低的要点。

5. 标准时间的运用原则

标准时间的运用原则包括以下四个方面。

① 管理者应与下属共同商讨提高标准时间的可行性。

② 依照作业标准化决定标准时间。

③ 标准时间通常是由准备时间、主体作业时间（真正消耗时间）及间隔时间所组成，所以应该确立各种定义与作业（工作）内容，否则难有衡量准则。

④ 参考每一个标准时间与工地的标准时间量（纯现场工时）来决定工时管理，并适当地予以运用。

在企业中，最令人忧虑的是工作没有规定的标准时间。假如没有新工作，作业者总会拖长时间；如果有了标准时间，就可以按进度作业。标准时间通常以一个单位来表示，因为如此才可以根据工作量明确地订出标准作业的时间量。

工作时，若不养成以正常速度来进行作业的习惯，则费了一番工夫训练的快动作与工作的连续力将会减退而无法复原。管理者应使作业人员在指定时间内完成指定质量的产品，这样的标准时间才有意义。

简单地说，标准时间就是以一般的作业能力就能达成目标的时间。作业标准时间测定见表2-4。

表2-4 作业标准时间测定

作业编号									
作业名称									
说　明	测量数量	时间	平均	测量数量	时间	平均	测量数量	时间	平均
合　计									
评　比									
标　准									
实际时间									

审核：

四、如何制订与管理作业指导书

作业指导书是指作业指导者对作业者进行标准作业的正确指导的基准。作业指导书基于零件能力表、作业组合单而制成，是随着作业的顺序，对符合每个生产线的生产数量的每个人的作业内容及安全、品质的要点进行明示。所以在此用图表表示一个人作业的机器配置，记录了周期时间、作业顺序、标准持有量，此外，还记录了在何地用怎样的方法进行品质检查。如果作业者按照指导书进行作业，一定能确实、快速、安全地完成作业。

通常，将作业指导书中的机器配置图记在 A3 大小的规定用纸上，并且记录了作业顺序、标准持有量、周期时间、实际时间、安全、品质检查等各个项目，放置在现场机器加工生产线和组装生产线上，这被称为"标准作业单"。

1. 作业指导书的内容

常用的作业指导书应包含以下内容。
① 制定目标；
② 编制依据；
③ 适用范围；
④ 作业前的准备工作；
⑤ 制定作业方案；
⑥ 技术要求及措施；
⑦ 人员组织要求；
⑧ 安全质量保证措施；
⑨ 环境保护措施。

2. 作业指导书编号

（1）基本要求

其内容应满足以下原则。

① 5W1H 原则。任何作业指导书都要用不同的方式表达出以下内容。

What——此项作业的名称及内容是什么；
Who——什么样的人使用该作业指导书；
Where——即在哪里使用此作业指导书；
Why——此项作业的目的是什么；
When——何时做；
How——如何按步骤完成作业。

② "最好，最实际"原则，即用最有效、最科学的方法达到良好的可操作性

和良好的综合效果。

在数量上应满足下列要求。

a. 不一定每个工位、每项工作都需要成文的作业指导书；

b. "没有作业指导书就不能保证质量时"才用；

c. 描述质量体系的质量手册中要引用多少个程序文件和作业指导书，是根据各组织的要求来确定的；

d. 培训充分有效时，作业指导书可适量减少；

e. 某获证企业质量手册中引用的作业指导书清单。

在格式上应满足下列要求。

a. 以满足培训要求为目的，不拘一格；

b. 简单、明了、可获唯一理解；

c. 实用、美观。

（2）编写步骤

① 作业指导书的编写任务一般由具体部门承担；

② 明确编写目的是编写作业指导书的首要环节；

③ 当作业指导书涉及其他过程（或工作）时，要认真处理好接口；

④ 编写作业指导书时，应吸收操作人员意见，并使他们清楚作业指导书的内容。

（3）作业指导书的管理

① 作业指导书的批准。

a. 作业指导书要按规定的程序批准后才能执行，一般由部门负责人批准；

b. 未经批准的作业指导书不能生效。

② 作业指导书是受控文件。

a. 经批准后只能在规定的场合使用；

b. 严禁执行作废的作业指导书；

c. 按规定的程序进行更改和更新。

3. 作业指导书的管理

① 作业指导书制作完成后，须经由品保确认，再由生产技术主管确认（除制作者以外，签名部分不可使用计算机打印）。

② 每一个机种的作业指导书都必须有一份版本的清单，用以标明该机种于当时各工作站最新作业指导书的版本为何。

③ 须有一份该机种作业指导书的变更记事，包含该机种全部作业指导书所有变更的事项清单。

④ 作业指导书发行与制造单位需使用 A3 规格的纸张及，品保单位需使用 A4

规格的纸，并都必须有签收。

⑤ 所有的作业指导书皆须打印出纸质文件，且电子文件皆须有备份。

五、如何进行生产线安排

生产线安排如何，不仅影响全体目标，并且可能影响员工士气，比如流水线第一站（点）放得太快，后面作业员接不上，心里就感到不愉快。各站（点）作业时间不一，工作量不平均，就会导致员工士气不振。

班组长应将下属特性、各站（点）特性，事先文字化，然后安排最理想的组合上阵。

1. 作业人员工作特性分析

生产线上人员性格不同，工作熟练度不同，配合度也不相同，且各有优劣。按照公司生产线组合方式，判断下属工作特性可以从下列几项着手。

① 细心：作业中是否小心仔细？

② 责任感：对上司交代事项是否很尽职？对于目标达成的欲望如何？

③ 正确性：作业中是否常出差错，执行任务是否会疏忽或遗漏？

④ 动作快慢：是否反应敏捷，手脚灵活，每一工作站（点）只要做几次或是很短时内便完全进入状态？

⑤ 品质观念：当事人对于"品质"的看法如何？对于品质要求认识程度如何？

⑥ 协调性：不同站别之间的品质协调，作业速度协调，品质不良反应的协调，甚至于领料、退料、补料的协调等，协调性差将影响全局。

⑦ 体力：有些工作岗位，只有体力好的员工才能够适应，因此必须对员工体力负荷程度予以分析。

⑧ 勤勉性：是很认真工作，还是漫不经心？是否经常请假或者不配合加班？予以指导时，是否认真学习？

⑨ 情绪化：有些人较不容易克制情绪，心情好坏马上反映在个人工作任务上。

综合上述几项，按照点数，予以量化记录，则对所属员工的掌握便更容易。按照作业人员的工作特性分析作业熟练度，并配合各站（点）作业需求条件，可实现"适才适所"。

⑩ 人员调动或请假，如何安排"次佳"组合，将有轨迹可循。

⑪ 若班组长需要教育下属或是工作岗位的轮调，按照这些资料安排，作业指导将更能体系化。

2. 各站别排线时的注意事项

① 产品别、客户别物料需求的掌握对于同样机台不同客户的需求，要特别慎重。对于制作要求要千万注意。

② 产品别所需治具、工具、设备、仪器需切实了解，即知道用什么工具生产，事先做好准备。

③ 产品别各站（点）作业中应注意的重点是避免事故发生，并提高作业效率。

④ 测定各站（点）工时。班组长需按照人员熟练度测定各站（点）基本工时，然后排定各站（点）动作，力求各站（点）时间平衡。不过，因人员总会变动，人员调动，各站（点）所需作业时间便会存在差异，这时候常发生生产线瓶颈。所以，需将各站（点）动作再细分，分解到无法分割的地步，然后检验各动作，如哪些要在前面操作？哪些动作必须紧跟哪个动作之后？哪些动作可以挪前或挪后？将这些资料分别整理，以应对人员变化，使生产线上维持最佳平衡状态。对流水线生产的主管人员而言，不要固执地认为一条线一定要多少人才能动，否则动不了。

⑤ 考虑各站（点）加工后如何放在流水线上，如产品应朝前、朝后、朝左或朝右，面朝上或朝下等，以方便后站（点）更"顺手"及易于确认后站（点）完成与否。

⑥ 考虑各站（点）供料时间，掌握联机操作并充分发挥领料人员作用。

⑦ 生产线速度调整。运用人力安排、各站（点）分配等调整出最适当的速度与组合。

3. 解决生产线不平衡的问题

当生产线安排不到位，就会出现以下现象。

① 线上没有半成品。

② 线上所放半成品距离不一致。

③ 线上某些站（点）堆集半成品。

④ 线上维修不良品多。

⑤ 某些站（点）人员很忙，某些站（点）人员则很轻松。

⑥ 生产线速度太慢或太快。

⑦ 线上检验站（点）不良品多。

⑧ 线上所放半成品没有一致的方向或放法。

⑨ 生产线没有物料（或不足）。

发生这些现象时，班组长应妥善解决。

第二节 班组长现场作业中的工作

一、如何进行生产进度控制

生产进度控制是多个不同类型班组协同工作的生产动态控制活动，一般由生产副厂长领衔，班组长的上一级主管实施执行和控制，而班组长则积极配合。

生产进度控制指的是对某种产品生产的计划、过程、程序所进行的安排和检查，其目的在于提高效率、降低成本，按期生产出优质产品。生产进度控制要求从原材料投入生产到成品出产、入库的整个过程都要进行控制，包括时间上的控制和数量上的控制。

1. 生产进度的动态控制

生产进度的动态控制是从生产的时间、进度方面或从时间序列纵向去进行观察、核算和分析，用来控制生产进度变化的一种方法，一般包括投入进度控制、出产进度控制及工序进度控制等。在机械制造企业中，虽然不同的生产类型和不同的生产组织采取的控制方法不同，但控制的依据在很大程度上都是生产作业凭证、作业核算、作业统计及作业分析等这些信息资料。

（1）投入进度控制

指对产品开始投入的日期、数量及品种进行控制，以便满足计划要求，包括检查各个生产环节、各种原材料、毛坯及零部件是否按提前期标准投入，设备、人力及技术措施等项目的投入生产是否符合计划日期。投入进度控制是预防性的控制。投入不及时必定会造成生产中断、赶工突击，影响成品按时出产；投入过多则又会造成制品积压、等待加工，从而影响企业经济效益。由于企业的生产类型不同，投入进度控制的方法也不相同，但大致可分为以下几种。

① 大量大批生产投入进度控制方法。可根据投产指令、投料单、投料进度表、投产日报表等进行控制。

② 成批和单件生产投入进度控制方法。成批和单件生产的投入进度控制比大量大批生产投入进度控制复杂。一方面要控制投入的品种、批量和成套性；另一方面要控制投入提前期，利用投产计划表、配套计划表、工作命令、加工线路单

及任务分配箱来控制投入任务。用任务分配箱来分配任务，是在单件成批生产条件下控制投入的一种常用方法。

（2）出产进度控制

出产进度控制指对产品（或零部件）的出产日期、出产量、出产提前期、出产均衡性和成套性的控制。出产进度控制是保证按时按量完成计划的前提，也是确保生产过程各个环节之间的紧密衔接、各零部件出产成套和均衡生产的有效手段。

出产进度控制的方法，就是把计划出产进度同实际出产进度列在一张表上进行比较来控制，不同的生产类型有不同的控制方法。

① 大量生产出产进度控制方法。它主要用生产日报（班组的生产记录、班组和车间的生产统计日报等）同出产日历进度计划表进行比较，来控制每日出产进度、累计出产进度和一定时间内生产均衡程度。在大量生产条件下，投入和出产的控制往往是紧密联系的，计划与实际、投入与出产均反映在同一张投入出产日历进度表上，这张表既是计划表，又是企业核算表和投入出产进度控制表。对生产均衡程度的控制，主要利用节拍、旬均衡率及月均衡率。

② 成批生产出产进度控制方法。它主要是根据零件轮番标准生产计划、出产提前期、零部件日历进度表、零部件成套进度表及成批出产日历装配进度表等来进行控制。

对零部件成批出产日期和出产提前期的控制，可以直接利用月度生产作业计划进度表，只要在月度作业计划的"实际"栏中逐日填写完成的数量，就可以清楚地看出实际产量与计划产量及计划进度的比较情况，如果计划进度采用甘特图（又称条状图、横道图）形式，即可直接在计划任务线下画出实际完成线。

在成批生产条件下，对零部件出产成套性的控制，可以直接利用月度生产作业计划，不但要对零部件的出产日期和出产提前期进行控制，还应对零部件的成套性进行控制，才能保证按期投入装配。通常采用编制零部件成套进度表来控制零部件的成套性。对成品装配出产进度的控制，可以利用成批出产日历装配进度表进行控制。

③ 单件小批生产出产进度控制方法。它主要是根据各项订货合同所规定的交货期进行控制，通常直接利用作业计划图表，只要在计划进度线下用不同颜色画出实际的进度线就可以。

（3）工序进度控制

工序进度控制指产品生产过程中对每道加工工序的进度所进行的控制。在大批量流水生产条件下，车间、班组由于生产连续性强，产品品种、工艺、工序都比较固定，不必按工序进行控制，只需控制在制品的数量即可。在成批、单件生产条件下，由于品种多、工序不固定，各品种（零部件）加工进度所需用设备经常发生冲突,即使作业计划安排得很理想,能按时投产,但往往在投产后的生产过程中,一出现干扰因素,原计划就会被打乱。因此,对成批或单件生产只控制投入进度和出产进度是不够的,还必须加强工序进度的控制。常用的方法有以下几种。

① 按加工路线单经过的工序顺序进行控制。由车间、班组将加工路线单进行登记后,按加工路线单的工序进度及时派工,遇到某工序迟缓时,要马上查明原因,采取措施解决问题,以保证按时按工序顺序加工。

② 工序票进行控制。就是按零部件加工顺序的每一道工序开一张工序票交给操作人员进行加工,完成后将工序票交回,再派工时又开一张工序票,用这样的办法进行控制。

③ 车间工序进度控制。对于零部件有跨车间加工时,须加强跨车间工序的进度控制,控制的主要方法是明确协作车间分工及交付时间,由零部件加工主要车间负责到底,并将加工路线单下达给主要车间。主要车间要建立健全零件台账,及时登记进账,按照加工顺序派工生产;协作车间要仔细填写"协作单",并将协作单号、加工工序、送出时间标注在加工路线单上,待外协加工完成,协作单连同零件送回时,主要车间要在"协作单"上签收,双方各留一联作为记账的原始凭证。

2. 生产进度的静态控制

生产进度的静态控制是指以某一"时点"(日)各生产环节所结存的制品、半成品的品种和数量的变化情况来掌握和控制生产进度。这是从数量方面(横向)控制进度的一种方法。

控制范围包括在制品占用量的实物和信息(账目、凭证等)形成的整个过程,而具体范围有以下几个方面。

① 原材料投入生产的实物与账目控制。
② 在制品加工、检验、运送和储存的实物与账目控制。
③ 在制品出产期和投入期的控制。
④ 在制品流转交接的实物与账目控制。
⑤ 产成品验收入库的控制等。

控制方法主要取决于生产类型和生产组织形式。

(1) 大量大批生产时

在制品在各个工序之间的流转,是按一定路线有节奏地移动的,各个工序固定衔接,在此条件下在制品的数量比较稳定,对在制品占用量的控制,通常采用轮班任务报告单的形式,结合生产原始凭证或台账来进行,即以各个工作地每一轮班在制品的实际占用量,与规定的定额进行比较,使在制品的流转和储备量经常维持正常占用水平。

（2）成批和单件生产时

因产品品种和批量经常轮换，生产情况比较复杂。在此条件下，一般可采用工票或加工路线单来控制在制品的流转，并通过在制品台账来掌握在制品占用量的变化情况，检查是否符合原定控制标准（定额），一旦发现偏差，要及时采取措施，组织调节，使在制品占用量被控制在允许范围之内。

（3）控制在制品占用量的组织工作

① 建立和健全车间在制品的收发领用制度和考核制度，并将岗位责任制、经济责任制结合起来。

② 推广应用数字显示装置和工位器具，管好原始凭证和台账，正确、及时地进行记账与核对工作。

③ 定期进行在制品的清点、盘存工作，及时发现和解决问题。

④ 妥善处理在制品的返修、报废、代用、补发和回用。

⑤ 合理组织在制品的保管和运输。避免因丢失、损坏、变质、磕碰损伤等造成的损失。

⑥ 加强检查站（点）对在制品流转的控制，认真核对项目、查点数量、检验质量和填报检查员值班报告单。

控制状态系统图如图2-2所示。

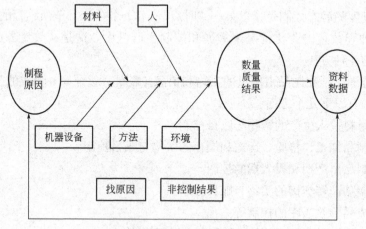

图2-2 控制状态系统图

二、如何进行日常作业检查与巡查

巡回检查一般使用五字法，即一看、二听、三查、四摸、五闻。具体操作如下。

1. 作业检查

优秀的班组长每天的作业检查要点应做得有条不紊，其具体情形如下。

① 机械设备作业的检查（日常检查）。主要检查是否已妥善加油；机械设备的机体处理是否按照规定实施；发现机械设备故障后，与管理者的联络处理是否妥善。

② 所使用的物料质量、数量是否按照规定。在发现所使用材料中夹有不同质量的物料时，是否停止使用，并通报管理者请示处置办法。

③ 是否使用规定的工具，并妥善使用。对于磨损、破损工具的处理是否妥善。对于工具的不妥，作业人员是否提出改善要求。

④ 是否在了解方法后才使用测定器。测定器有无定期检验，其精确度是否正确。

⑤ 作业人员是否按照批示工作。按批示作业是否发生问题。如有问题，原因是出于批示不妥，还是作业人员的知识、技能有所欠缺。

⑥ 作业人员有无进行危险的作业。

⑦ 修整作业是否与正常作业分开记录。

⑧ 生产线的布置有无不妥。

⑨ 完工后的检查整理工作是否已做好。

⑩ 对①～⑨中的问题要点是否加以确认并拟订对策，是否了解发生异常事态时应采取的行动。

2. 作业巡视

在工作时间结束前 30min，班组长要再度认真仔细地巡视班组现场。

① 检查设备的状况。

② 观察作业人员的健康状态。

③ 了解不良品的发生状况。

3. 巡回检查

班组长日常巡回检查是保证班组生产的稳定和正常进行，及时发现生产中各种异常情况，并加以处理，杜绝各类事故发生，保证安全、稳定生产的重要手段。

（1）巡回检查的内容

巡回检查的内容视不同行业而定，基本包括以下几个方面。

① 检查各工艺条件的执行和变化情况。

② 检查设备、管线及阀门的工作状况，有无异常情况。

③ 检查班组辖区门、窗及玻璃的完整情况，有无不安全因素。

④ 检查生产卫生、岗位卫生及劳动纪律等情况。

⑤ 检查各控制点的质量情况。

⑥ 检查各岗位记录是否按时、真实，记录是否整洁。

⑦ 检查设备卫生、润滑情况。

⑧ 检查水、电、气等的供应情况。

⑨ 检查安全生产及不安全因素整改情况。

（2）巡回检查的要求

① 车间根据生产技术部门规定的重点巡回检查点，根据本车间及班组的实际情况，制订出本车间各班组和岗位的巡回检查路线。

② 每个生产班组和岗位的巡回检查路线，必须以图示形式在岗位或控制室内展示出来。

③ 每个重点巡回检查点必须挂上巡回检查牌，牌上标要有时刻标记。

④ 必须按所规定的间隔时间进行巡回检查，按巡回检查路线正点 ±10min 上岗检查。

⑤ 检查时必须认真和细致，发现问题应马上处理，不能处理的问题要立即报告班组长或值班长。

⑥ 每检查完一个点要转动检查牌，使牌上所指时刻与实际检查时间相符才可以进行下一个点的检查。

⑦ 做好岗位巡回检查记录，对发现的问题及处理情况做详细的记载。

⑧ 每班组要做到各生产岗位巡回检查两次（上下班前各一次），对查出的问题要及时处理，对解决不了的重大问题，要及时向相关主管领导汇报，并立即采取有效措施，防止事态扩大。对查出的问题要及时处理。

（3）巡回检查的方法

① 看：看工艺条件是否稳定在正常的工艺控制范围之内，看周围环境是否有异常情况。

② 听：听设备、管线及周围是否有异常声音。

③ 查：查设备、阀门及管线是否有跑冒滴漏现象。

④ 摸：摸设备、管线振动情况和温度情况。

⑤ 闻：闻电器设备及生产现象是否有异常气味。

（4）巡回检查牌的管理

① 巡回检查牌统一由生产管理部门发放。

② 巡回检查牌必须保持清洁，必须挂在规定的检查点适当位置上，不得丢失或随意摆放。

③ 发现巡回检查牌腐蚀或损坏，要及时到生产管理部门更换；发现巡回检查牌丢失时，班组要立即向生产管理部门提出申明并领取新牌，并追查所在班组或

岗位的责任。

三、如何进行作业切换管理

作业间切换是经常发生的事情，短时间的切换如果缺乏控制，往往会带来品质的异常和效率的降低。

1. 切换的效率控制

切换效率控制的着眼点是切换的时间，切换时间根据作业的不同，可以分为内程序、外程序和调整时间，它们的定义如下。

① 内程序：指在切换时，如设备在运行，就无法进行作业的程序。
② 外程序：指在切换时，即使机器还在运转，也可以进行作业的程序。
③ 调整时间：两个机种之间交换的过程，是切换的核心时间。

（1）程序切换作业改善步骤
如图 2-3 所示。

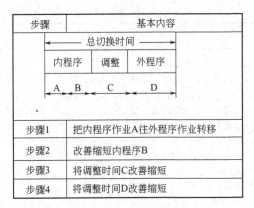

图 2-3　程序切换作业改善步骤

（2）切换程序的改善体系
① 内程序向外程序转换，如图 2-4 所示。
② 内程序改善，如图 2-5 所示。
③ 程序切换确认清单，见表 2-5。

2. 切换的品质控制

切换的实质是一个短时间内的变更体制，因为忙乱的原因，导致品质问题较多。下面就以组装生产线的切换控制为例进行说明。

① 切换的标志警示。作为流水线生产，把某个产品全部生产完毕，然后停下

整条流水线，再布置另外一种产品的生产。这种方式虽然"稳妥"，但牺牲了效率。较好的方法是不停线切换的操作方式，即在第一台切换机种上标志"机种切换"的字样，那么这台机在后续的过程中谁都知道它与前面的机种有不同，从而用不同的方法来处理。

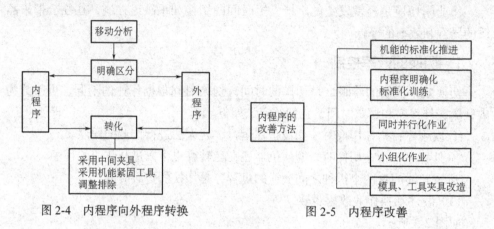

图 2-4　内程序向外程序转换　　　　　图 2-5　内程序改善

表 2-5　程序切换确认单

项目		结果记录
作业顺序	● 作业程序有无标准化？ ● 作业内容中有无浪费、勉强、不均衡的事项？ ● 是否真正明白必要的作业内容？ ● 在外程序中，是否准备了更换用的模具、工具等必要品？ ● 必要品是否放在容易拿取的地方	
改善重点	● 是否准备了合适的工具？ ● 能否将工具减少？ ● 有没有多余的可取消的零部件？ ● 为什么要调整呢？能否取消？ ● 能否不用螺栓？ ● 可以一步到位吗？ ● 可以更换替代吗？ ● 可以通用化、可调整化吗？ ● 程序内容能简化吗？ ● 能否减少试模次数	

② 首件确认。首件确认是指对切换后生产下来的第一台产品进行全面的形状、外观、性能、相异点确认，担当者可以是检查员，也可以是工艺人员或者班组长。首件确认是尤为重要的确认工作，可以发现一些致命的批量性缺陷，如零部件用错等问题。所以要极其认真对待。

③ 不用品的撤离标志。首件确认合格后，意味着切换成功，可以连续生产下去。但是对撤换下来的零部件不可轻视，一定要根据使用频率妥善安排放置。不用品撤离频率安排见表2-6。

表2-6 不用品撤离频率安排

序　号	使用频率	放置场所
1	当天还要使用的	生产线附近的暂放区
2	三天内使用的	生产线存放区
3	一周内使用的	仓库的暂放区
4	一个月内使用的	重新入库，下次优先使用
5	一个月以上使用的	重新包装后入库

放置完成以后，为了防止误用、错用，还要做好标志，标志上要明确产品的名称、型号、暂放时间、管理责任人员等。

四、如何进行生产异常处理

1. 什么是生产异常

生产异常是指造成生产（制造）部门停工或生产进度延迟的情形，由此造成的无效工时，也可称为异常工时。生产异常的处理是班组长日常工作中的重点之一，了解相应的处理程序以及生产异常的责任部门等有助于班组长在工作中更迅速地处理生产异常。

2. 生产异常报告单的填写

发生生产异常，即有异常工时产生，时间在10min以上时，应填写《生产异常报告单》（表2-7）及《异常停工报告单》（表2-8）。其内容一般应包含以下项目。

表2-7 生产异常报告单

No.					日期：
订单号		制单号		品名/规格	
异常状况	停电 机械故障 等待材料			人力不足 品质异常 材料异常	

续表

订单号		制单号		品名/规格	
应急处理	责任主管/时间：				
原因分析	责任主管/时间：				
根本对策	责任主管/时间：				
追踪确认	责任主管/时间：				

说明：1. 生产部门因异常情况之停工应填报本表；
2. 生产部门主管会同相关部门做好紧急处理；
3. 对经常性的异常事件，相关部门应制订根本对策，防止再度发生。

表2-8 异常停工报告单

日期　　　　　　　　　　　　　　　　　　　　　　　　　No.

部门			停工范围		
停工时间	自 月 日 时 分至 月 日 时 分，计分				
停工人数	人	损失时间	分×人＝分	损失成本	元
停工产品		制单号		进度状况	

停工原因（说明）
1. 待料
2. 机器故障
3. 品质异常
4. 安全事故
5. 其他

此类停工本月份已发生次数：　　　次

续表

应急处置				
责任者				
根本对策				
责任者				
	厂长：	生管：	主管：	制表：

说明：1. 依企业规定，生产线停工 10min 以上须提出；
　　　2. 必须根本解决，杜绝再发生。

① 生产产品。填写发生异常时正在生产的产品的名称、规格及型号。
② 生产批号。填写发生异常时正在生产的产品的生产批号或制造单号。
③ 异常发生单位。填写发生异常的制造单位名称。
④ 发生日期。填写发生异常的日期。
⑤ 起讫时间。填写发生异常的起始时间、结束时间。
⑥ 异常描述。填写发生异常的详细状况，尽量用量化的数据或具体的事实来进行陈述。
⑦ 停工人数、影响度、异常工时。分别填写受异常影响而停工的人员数量，因异常而导致时间损失的影响度，并据此计算异常工时。
⑧ 临时对策。由异常发生的部门填写应对异常的临时应急措施。
⑨ 填表单位。由异常发生的部门经办人员及主管（班组长或者车间主任）签订核实。
⑩ 责任单位对策（根本对策）。由责任单位填写对异常的处理对策。
生产异常的具体表现如下。
计划异常——因生产计划临时变更或安排失误等导致的异常。
设备异常——因设备、工装不足或故障等原因而导致的异常。
物料异常——因物料供应不及时（断料）、物料品质问题等导致的异常。
品质异常——因制程中出现了品质问题而导致的异常，也称制程异常。
产品异常——因产品设计或其他技术问题而导致的异常，或称机种异常。
水电异常——因水、气、电问题等导致的异常。

3. 异常报告单的使用流程

① 当异常发生时，发生部门的第一级主管（班组长或者车间主任）应立即通知技术部门或相关责任单位前来研究对策，加以处理，并报告直属上级领导。

②制造部门会同技术部门、责任单位采取异常的临时应急对策并快速执行,以降低异常的影响。

③异常排除后,由制造部门填写《生产异常报告单》一式四联,并转责任单位。

④责任单位填写异常处理的根本对策,以防止异常重复发生,并将《生产异常报告单》的第四联自存,其余三联退生产部门。

⑤制造部门接责任单位的异常报告单后,将第三联自存,并将第一联转财务部门,第二联转生产部门。

⑥财务部门保存异常报告单,将其作为向责任厂商索赔的依据及制造费用统计的凭证。

⑦主管部门保存异常报告单,作为生产进度管制控制点,并为生产计划的调度提供参考。

⑧生产部门(班组长或者车间主任)应对责任单位的根本对策的执行结果进行追踪。

4. 异常工时的计算

①当所发生异常进而导致生产现场部分或全部人员完全停工等待时,异常工时的影响度以 100% 计算(或可依据不同的状况规定影响度)。

②当所发生的异常导致生产现场需增加人力投入排除异常现象(采取临时对策)时,异常工时的影响度以实际增加投入的工时为准。

③当所发生的异常导致生产现场作业速度放慢(可能同时也增加人力投入)时,异常工时的影响度以实际影响比例计算。

④异常损失工时不足 10min 时,只作口头报告或填入生产日报表而不另行填写生产异常报告单。

第三节 / 班组长现场作业后的工作

一、如何推行日常工作的 QCDS

QCDS 是最初由丰田公司提出以作为衡量其供应商的供应水平的指标之一,为 Qulity、Cost、Delivery、Safety 四个英文单词的缩写,意思是:品质、成本、交货期、安全。班组长所有的管理活动实际上都是围绕 QCDS 来进行的。

1. Q——现场质量控制

现场控制面临许多不同角度的质量问题。虽然质量问题的分析，需要一些较为复杂的手法，比如新旧 QC 七种工具、工程能力分析等。但是，现场的许多问题仅涉及一些简单的事务，比如生产技艺以及处理每天所发生的问题和变异，因为不适当的工作标准及由于作业者疏忽造成的错误等。为了减少变异，班组长必须保证标准的执行，促使员工遵守纪律、遵守标准及确保不良品不会流到下一工序。大部分质量问题可以本着现场、现物及现实的原则，以低成本、常识性的方法来解决。班组长必须在员工中导入团队合作的方式，这是因为员工的参与是解决问题的关键。

那么，现场如何确保优良品质呢？可从以下五个原则入手避免失误。

① 取消此作业。对于难度较大，不容易掌握的作业，如果能够取消，则应尽量取消，或采用其他容易的方法代替。

② 使作业简化。对复杂的作业，通过分解、合并、删除及简化等方法使其简单容易化，便于员工作业。

③ 尽量不要用人来控制。人往往会被自己的思想、情绪所左右，所以工作时状态起伏不定，易使工作受到影响。因此，能用机器设备控制时就不要用人来控制，这样可以减少很多偏差。

④ 检查。当采取各种对策都无法杜绝问题的发生时，只有通过检查来防止不良品流入下一工序。检查点的设置是检查的关键，要特别注意有无遗漏。

⑤ 降低影响。不良品无法达到根治时，要努力降低不良的影响。比如机器的噪声，绝对没有是不现实的，但是可以把噪声控制在允许的范围内，然后慢慢朝静音方面改善。

2. C——现场成本控制

成本控制是指管理开发、生产及销售良好质量的产品和服务的过程时，又能致力于降低成本或维持在目标成本的水准上。

现场成本降低，是由管理层所实施的各式各样的活动所衍生的成果。不幸的是许多管理人员仅想走捷径的方法来削减成本，典型的行动包含解雇员工、组织重整及向供应商压价。像这样的成本削减，一定会损害产品质量。

顾客要求更低的价格、更好的质量及准时的交货。如果简单地以成本削减方式来降低价格，以回应顾客的需求，就会发现质量和准时交货都难以保证。现场成本降低或许可以通过"消除浪费"来实现。在现场，降低成本的最佳方法是剔除过度的资源耗用。为了降低成本，必须同时实施下列七项活动。

① 改进质量。改进质量事实上会带动成本降低。这里的质量是指管理人员及员工的工作过程的质量。过程的质量包含了开发、制造及销售产品或服务的工作质量。在现场，此名词特指产品或服务的制造及送达的方法。它主要是指在现场的资源管理，具体来讲，系指作业人员（员工的活动）、机器、材料、方法及测量，总称为5M。

改进了工作过程的质量，其结果会使错误更少，不合格品更少，维修更少，缩短交货期时间，以及减少资源耗用，因而降低营运总成本。质量改进其实同时也在是在提高合格率。

② 提高生产力以降低成本。当以较少的（资源）"投入"，生产出相同的（产品）"产出"，或以相同的"投入"，生产出较多的"产出"时，生产力就改进了。在此所称的"投入"系指如人力资源、材料和设施这些项目的投入。"产出"意指如产品、服务、收益及附加价值这些项目。生产线上的人数越少越好。这不仅降低成本，更重要的是出现质量问题的可能也大大减少了，因为更少的人手意味着更少的人为错误。班组长应当考虑借着改善活动，以抽出人力作为其他附加价值活动的人力资源的来源。当生产力提高的时候，成本就跟着下降了。

③ 降低库存。库存占用空间，延长了生产交货期，产生了搬运和储存的需求，而且吞食了流动资金。产品或半成品"坐"在厂房的地面或是仓库里，不会产生任何附加价值，反而增加了质量隐患，当市场改变或竞争对手导入新产品时，甚至会在一夜之间变成废品。

④ 缩短生产线。在生产时，越长的生产线需要越多的半成品、越多的作业人员以及越长的生产交货期。生产线上的人越多，发生错误的机会越大。班组长应设计出更短的装配线，雇用少之又少的人员。

⑤ 减少机器的停机时间。机器停机会中断生产活动。因为机器不可靠，经常出故障，所以就以大批量生产来缓冲停机损失，导致过多的半成品、过多的库存及过多的修理工作，同时质量也受到损害，而所有这些都增加了营运成本。

其他方面也会造成类似的结果。计算机或通信系统的死机，会造成不当的延误，很大程度上增加了机器的作业成本。一位新员工，没有进行适当的训练就分派到工作站（点）去操作机器，其所造成作业上延误的后果，就相当于机器死机的损失成本。

⑥ 减少空间。一般的制造业企业，使用了其所需的4倍的空间，2倍的人力，10倍的交货期时间。现场改善一般通过消除输送带生产线或缩短生产线，把分离的工作站（点）并入主体生产线来降低库存，减少搬运，而所有这些改善减少了空间的需求。而从现场改善所释放出来的空间，又可作为增加新生产线或为未来扩充之用。

⑦ 现场对总成本降低的作用。如果现场无法使其流程做得很短、有弹性、有效率，无法避免不合格品及停机，那就没有指望降低物料和零件的库存，也不可能使流程变得有足够的弹性以满足如今的顾客对高质量、低成本及准时交货的严格要求。现场改善可以作为这方面的改进起始点。

改善应当从现场开始。换句话说，借着实施现场改善以及显现确定在现场的问题，可以确认出其他支持部门的缺点所在。

比如研究和开发、设计、质量控制、工业工程、采购、业务及营销。换句话说，现场改善有助于暴露出在源流管理环节上的缺陷。它也是一个窗口，使大家可以看到管理的真正实力。同时，现场是一面镜子，可以反映出企业管理制度的质量。

3. D——交货期

交货期是指及时送达所需求数量的产品或服务。班组长的主要工作之一是要确保最终能够将所需数量的产品或服务及时送达以符合顾客的需求。对班组长的挑战，是实行对交货期承诺的同时，也能达成质量及成本的目标。"质量第一"，质量是成本及交货期的基础。

交货期是从企业支付购进材料及耗材开始，到其收到货款的时间为止。因此，交货期时间代表了资金的周转。也就是说，较短的交货期，意味着较高的资金周转率，更弹性地满足客户需求。交货期可以衡量出管理的真正水平，班组长应将缩短交货期作为至高无上的、最重要的课题。

缩短交货期包含了改进、加速顾客订单的反馈，以及与供应商更好地沟通配合，降低耗材和原材料的库存。流水线及提高现场作业的弹性也能缩短生产交货期时间。

4. S——安全运行

班组长应根据公司的有关安全保护的基本方针和计划切实做好安全保护工作。因此，理解安全生产保护的责任与权限，切实地把它做好，是很有必要的。

班组长对安全生产的主要责任如下。

① 建立安全操作程序。
② 计划设备和环境的安全保护措施。
③ 促进工人提高安全保护意识。
④ 指导工人进行安全生产。
⑤ 在非常时期和事故发生时，采取相应的措施。
⑥ 对现场时刻进行检查，预防事故的发生等。
⑦ 找出事故原因，防止事故再发生。

二、如何进行作业日报管理

简言之,作业日报就是每天的作业记录,作业日报是企业生产经营的重要资料,是计划指令制订的来源和依据。

1. 作业日报的作用

作业日报是企业生产经营的重要资料,是计划指令制订的来源和依据,作业日报表见表2-9。作业日报通常有以下作用。

表2-9 作业日报表

日期:								部门:	
出勤人数		请假人数		加班人数			实用总工时		
时间	订单号	品名/型号	生产量	使用时间(分)	不良数	不良率	备注		
8～9时									
9～10时									
10～11时									
11～12时									
12～13时									
13～14时									
14～15时									
15～16时									
16～17时									
17～18时									
合　计									

① 交货期管理、品质管理、成本管理、安全管理等多个项目管理的工具。
② 方便与上级和其他部门传递情报、交流信息。
③ 出现各种异常或问题时,作为原因追踪的资料。
④ 帮助管理者掌握现场的实际情况。

2. 作业日报的设计要求

因为作业日报设计时要考虑填写的便利性,所以作业日报的设计有以下要求。

① 项目顺序要符合实际作业或逻辑习惯。
② 必要的事项齐备，但是项目尽量精简。
③ 尽量减少文字描述或数量填写，用符号或线条代替。
④ 采用标准用纸，避免过大或过小，方便存档。

3. 作业日报的填写

正确填写作业日报的具体方法如下。
① 向相关人员说明作业日报的作用，让他们认识到作业日报的重要性。
② 班组名、作业人员名、批量号及产品名等基本内容可以由现场办公室人员填好，再发给作业人员填写其他事项，这样可以减轻填写负担。
③ 生产数量、加工时间等只有作业人员才清楚的内容，由其记录。
④ 要养成写完后再度确认的习惯。
⑤ 班组长要认真仔细审阅作业日报，并及时指出异常点并协助解决问题，形成良好的互动局面。
⑥ 现场人员根据日报把握作业的异常趋向，并针对这种趋向实施重点指导。

4. 作业日报的常见问题

作业日报的常见问题有以下几个方面。
① 需要描述记录的地方太多，写起来很费时间。
② 自己不愿意写，而让他人代劳。
③ 没有培训过怎样填，所以就随便填写。
④ 需思考、回忆和判断的事项太多，所以填完马虎。
⑤ 认为工作日报只是当资料收集起来，上级领导也不看，也没有什么作用。

5. 作业日报的管理

（1）应把握的内容
① 材料、作业、产品有无异常。
② 每位员工的工作日报是否准确。
③ 每位员工的作业效率是否达到预期目标。
④ 作业效率是提高了还是下降了，原因是什么。
⑤ 整体效率能否反映每个人的工作效率。
⑥ 生产效率与设备效率的变化情况。
⑦ 是否严守生产计划（交货期、数量）。
⑧ 实际工时与人员配置是否合理。
⑨ 不良状况及相应的工时损失。

⑩ 哪些地方有尚需改善之处，整体实绩如何。

（2）管理的基本方法

① 确认作业报表（工时、产量及异常现象）。

② 使用统计手法对作业能力进行管理（均衡情况、变化推移、计划与累积及异常说明）。

③ 运用图表统计分析效率、成果的变化情况。

④ 调整计划或目标参数。

（3）注意事项

① 发现不准确的日报表要调查原因，并对当事人进行批评指导，直到其掌握为止。

② 掌握每位员工的知识水平、技术、经验、干劲及兴趣爱好，必要时应给予耐心细致的指导。

③ 总结和整理现场的问题点，挖掘影响效率的关键问题。

三、如何填写工作日志

1. 什么是工作日志

工作日志顾名思义就是针对自己的工作，每天记录工作的内容、所花费的时间以及在工作过程中遇到的问题，解决问题的思路和方法。最好可以详细客观地记录下你所面对的选择、观点、观察、方法、结果和决定，这样每天日事日清，经过长期的积累，才能达到通过工作日志提高自己的工作技能。

工作日志法，是由任职者按时间顺序，详细记录自己在一段时间内的工作内容与工作过程，经过归纳、分析，达到工作分析的目的的一种工作分析方法。

2. 工作日志的形式

工作日志的形式可以是不固定的，也可以是组织提供的统一格式，如事先由职务分析人员设计好详细的工作日志清单，让员工按照要求及时地填写职务内容，按时间顺序记录工作过程，然后进行归纳、提炼、总结，从而取得所需工作信息。班组长日志见表2-10。需注意的是，工作日志应该随时填写，比如以10分钟、15分钟为一个周期，而不应该在下班前一次性填写，这样可以保证填写内容的真实性和有效性。同时记录日志的目的是为了能从日志中查看每天计划的完成情况，记录的是最基础的数据，以保证通过日志控制工作的准确性和及时性。

表 2-10　班组长日志表

组别：　　　　　　　　组长：　　　　　　　　年　　　月　　　日

计划生产品种	实际生产品种	计划生产数量	实际生产数量	入库数量	待验数量	损耗数量（不合格品）	未达到的原因
合计							

人员出勤及安排		设备使用及维修情况		生产作业过程记录	备注
应到	请假	实到			
调出	调入	实有			
人员安排						

注：本表一式两份，一份班组长自留，一份上报生产部经理。如有加班加点，则将人员、工时记入备注栏。

3. 工作日志的特点

① 详尽性。在完成工作以后逐日及时记录的，具有详尽性的优点。

② 可靠性。通过工作日志法所获得的工作信息的可靠性很高，往往适用于确定有关工作职责、工作内容、工作关系、劳动强度方面的消息。

③ 失真性。任职者可能更注重工作过程，而对工作结果的关心程度不够。运用这种方法进行工作分析对任职者的要求较高，任职者必须完全了解工作的职务情况和要求。

④ 繁琐性。这种方法的信息整理工作量大，归纳工作繁琐。

4. 工作日志法的作用

用于工作分析时，工作日志法很少作为唯一的、主要的信息收集技术，应与其他方法相结合。实际工作中，工作分析人员通常会将企业已有的工作日志作为问卷设计、准备访谈或对某一项工作初步了解的文献资料来源。

5. 工作日志的优缺点

（1）工作日志的优点

① 信息可靠性强，适于确定有关工作职责、工作内容、工作关系、劳动强度等方面的信息。

② 所需的费用较低。

③ 对于高水平与复杂性工作的分析，比较经济有效。

（2）工作日志的缺点

① 注意力集中于活动过程，而不是结果。

② 使用范围较小，只适用于工作循环周期较短、工作状态稳定无大起伏的职位。

③ 信息整理的工作量大，归纳工作繁琐。

④ 工作执行人员在填写时，会因为不认真而遗漏很多工作内容，从而影响分析结果，另外在一定程度上填写日志会影响正常工作。

⑤ 若由第三者进行填写，人力投入量就会很大，不适于处理大量的职务。

⑥ 存在误差，需要对记录分析结果进行必要的检查。

6. 工作日志的模板

工作日志见表2-11。

表2-11 工作日志

日 期	时 间	工作内容	工作结果	备 注

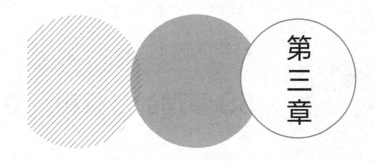

第三章 现场5S管理

  5S活动是现场管理最重要的管理方式，是现场管理的基石，同时也是管理效果最佳的工具之一。实施5S管理，对改善生产现场环境、提升生产效率、保障产品品质、营造企业管理氛围以及创建良好的企业文化等方面有着重要意义。

  这里除了介绍5S活动的原则、步骤、方法外，还对5S在班组的具体实施进行了详细介绍，并对5S中的定置管理进行了专门介绍。

第一节 5S 管理的步骤和方法

一、5S 活动的 3 大原则

要做好事情必须遵循一定的活动原则，5S 活动的原则是做好 5S 活动的根本。

1. 自我管理的原则

良好的工作环境，不能单靠增添设备，也不能依靠别人来创造，而应当充分依靠现场人员，由现场的人员自己动手创造一个整齐、清洁、方便、安全的工作环境，使他们在改造客观世界的同时，也改造自己的主观世界，产生"美"的意识，养成现代化大生产所要求的遵章守纪、严格要求的风气和习惯。由于是自己动手创造的成果，也就可以很好地保持和坚持下去。

2. 勤俭办厂的原则

开展 5S 活动，会从生产现场清理出很多无用之物。其中，有的只是在此现场无用，但可用于其他地方；有的虽然是废物，但应本着废物利用、变废为宝的精神，该利用的应千方百计地利用，需要报废的也应按报废手续办理，并收回其"残值"，千万不可只图一时痛快，不分青红皂白地当作垃圾一并扔掉。对于那种大手大脚、置企业财产于不顾的"败家子"作风，应及时制止、批评和教育，情节严重的还要给予适当的处分。

3. 持之以恒的原则

5S 活动开展起来比较容易，可以搞得轰轰烈烈，在短时间内取得明显的效果，但要坚持下去，持之以恒，不断优化就并非易事了。不少企业发生过一紧、二松、三垮台、四重来的现象。因此，开展 5S 活动，贵在坚持。

① 将 5S 活动纳入岗位责任制，使每一个部门、每一位人员都有明确的岗位责任和工作标准。

② 要严格、认真地搞好检查、评比及考核工作，并将考核结果同各部门和每

一位人员的经济利益挂钩。

③ 坚持 PDCA 循环,不断提高 5S 管理水平。

要通过检查,不断地发现问题,不断地解决问题。因此,在检查考核后,还必须针对问题提出改进的措施和计划,以使 5S 活动坚持不断地开展下去。

二、推行 5S 活动的 11 个步骤

5S 最终是由企业各级员工,尤其是一线员工执行。班组长负有指导和执行 5S 在班组推行责任。其主要步骤如下所示。

1. 成立推行组织

为了有效地推进 5S 活动,需要建立一个符合企业条件的推进组织——5S 推行委员会(表 3-1)。推行委员会的责任人包括 5S 委员会、推进事务局、各部分负责人以及部门 5S 代表等,不同的责任人承担不同的职责。其中,一般由企业的总经理担任 5S 委员会的委员长,从全方位的角度推进 5S 的实施。

表 3-1　5S 推行委员会的组成与职责表

责任人	职责
5S 委员会	● 制订 5S 推进的目标、方针; ● 任命推进事务局负责人; ● 批准 5S 推进计划书和推进事务局的决议事项; ● 评价活动成果
推进事务局	● 制订 5S 推进计划,并监督计划的实施; ● 组织对员工的培训; ● 负责对活动的宣传; ● 制订推进办法和奖惩措施; ● 主导全公司 5S 活动的开展
各部门负责人	● 负责本部门 5S 活动的开展,制订 5S 活动规范; ● 负责本部门的人员教育和对活动的宣传; ● 设定部门内的改善主题,并组织改善活动的实施; ● 指定本部门的 5S 代表
部门 5S 代表	● 协助部门负责人对本部门 5S 活动进行推进; ● 作为联络员,在推进事务和所在部门之间进行信息沟通

2. 拟定推行方针及目标

(1)制订方针

推动 5S 管理时,应把制订方针作为导入的指导原则,如规范现场、现物,提

升人的整体品质。方针的制订要结合企业具体情况，要有号召力。方针一旦制订，就要广泛宣传。

（2）制订目标

首先设定期望的目标，作为活动努力的方向及便于活动过程中的成果检查。例如，第4个月各部门考核90分以上。例如，有来宾到厂参观时，不必事先做准备工作。总之，目标的制订要同企业的具体情况相结合。

3. 拟定工作计划及实施方法

① 拟定日程计划作为推行及控制之依据；
② 收集资料及借鉴他厂做法；
③ 制订5S管理活动实施办法；
④ 制订要与不要的物品区分方法；
⑤ 制订5S管理活动评比的方法；
⑥ 制订5S管理活动奖惩办法；
⑦ 其他相关规定（5S管理时间等）。

较大的工作一定要有计划，以便对整个工作过程有一个整体的了解。项目责任者清楚自己及其他担当者的工作是什么及在何时完成，相互配合造就一种团队作战精神。

4. 对全员进行教育

① 每个部门对全员进行教育，教育的内容包括以下几方面：
5S管理的内容及目的；
5S管理的实施方法；
5S管理的评比方法。

② 新进员工的5S管理训练。教育是非常重要的，让员工了解5S管理活动能给工作及自己带来好处从而主动地去做，与被别人强迫着去做其效果是截然不同的。教育形式要讲究多样化，讲课、放录像、观摩他厂案例或样板区域、学习推行手册等方式均可视情况加以使用。

③ 聘请专家授课，建立干部心理建设。
④ 设定课程计划及出勤记录。
⑤ 高层主管最好列席全部上课。
⑥ 建立内部师资，以单位主管为优先选择对象。

5. 活动前的宣传造势

5S管理活动要全员重视、参与才能取得良好的效果。

① 最高主管发表宣言（晨会、内部报刊等）。
② 利用海报、内部报刊宣传。
③ 使用宣传栏。
④ 设置必要的工具和看板，以便于开展 5S 活动。
⑤ 保存好原始记录（数据或图片等），便于对照和改善。
⑥ 组织向本单位或外单位 5S 推行好的样板进行学习。

6. 5S 管理导入实施

① 前期作业准备包括以下内容：
方法说明会；
道具准备。
② 企业全体进行彻底大扫除。
③ 区域规划。盘点后的东西按类别做定点、定位、定量的规定。
制作组织工作场所的平面图，标示部门位置，并列出面积，公布于各现场区域明显地方；
标示盘点后的物料，设置看板，配合颜色管理达到目视管理的目标；
地面标线作业，依区域图进行定点、定位、定量标示。
④ "3 定" "3 要素"展开。
⑤ 定点摄影。
⑥ 做成 "5S 管理日常确认表"及实施。
⑦ 红牌作战。
⑧ 建立示范区。选定易改善部门，率先做示范榜样，以作其他部门观摩；部门内也可由某个人做模范，给本部门其他人效仿。班组由班组长自己做起所取得的效果最佳。

7. 活动评比办法确定

（1）加权系数
包括困难系数、人数系数、面积系数、教养系数。
（2）考核评分法
① 采用见缺点先记录描述，然后再查缺点项目、代号及应扣分数的方法，这样评审人员不必为查核项目一一寻找，浪费时间。
② 评分开始时频度应较为紧密，每日或每两日一次，一个月作一次汇总，并以此给予表扬和纠正。现场评分记录表见表 3-2，5S 评分表见表 3-3。

表 3-2　现场评分记录表

编号：

组　别	缺　点　描　述

评分人：　　　　　　　　　　　　　　　　　　　　日期：

表 3-3　5S 评分表

编号：

组别	代　号	扣　分	扣分合计	得　分	组别	代　号	扣　分	扣分合计	得　分

评分人：　　　　　　　　　　　　　　　　　　　　日期：

8. 现场查核与自我查核

① 现场查核。

② 5S 管理问题点质疑、解答。

③ 举办各种活动及比赛（如征文活动等）。

各类部门内自我查核表见表 3-4～表 3-8。

表 3-4 部门内自我查核表（整理）

项次	查核项目	得分	查核状况
1	通道	0	有很多东西，或脏乱
		1	虽能通行，但要避开，台车不能通行
		2	摆放的物品超出通道
		3	超出通道，但有警示牌
		4	很畅通，又整洁
2	工作场所的设备、材料	0	一个月以上未使用的物品杂乱放着
		1	角落放置不必要的东西
		2	放半个月以后要用的东西，且紊乱
		3	一周内要用，且整理好
		4	3 日内使用，且整理很好
3	办公桌（作业台）上下及抽屉	0	不使用的物品杂乱堆乱放
		1	半个月才用一次的也有
		2	一周内要用，但过量
		3	当日使用，但杂乱
		4	桌面及抽屉内之物品均最低限度，且整齐
4	料架	0	杂乱存放下使用的物品
		1	料架破旧，缺乏整理
		2	摆放不使用的物品，但较为整齐
		3	料架上的物品整齐摆放
		4	摆放物为近日用，很整齐
5	仓库	0	塞满东西，人不易行走
		1	东西杂乱摆放
		2	有定位规定，但没被严格遵守
		3	有定位也有管理，但进出不方便
		4	有定位有管理，进出方便

表 3-5 部门内自我查核表（整顿）

项次	查核项目	得分	查核状况
1	设备机器仪器	0	破损严重，不能使用，杂乱放置
		1	不能使用的集中在一起
		2	能使用较脏乱
		3	能使用，有保养，但不整齐
		4	摆放整齐、干净，呈最佳状态
2	工具	0	不能用的工具随意乱放
		1	勉强可用的工具多
		2	均为可用工具，但缺乏保养
		3	工具有保养，有定位放置
		4	工具采用目视管理
3	零件	0	不良品与良品杂放在一起
		1	不良品虽没即时处理，但有区分且标示
		2	只有良品，但保管方法不好
		3	保管有定位标示
		4	保管有定位，有图示，任何人均很清楚
4	图纸作业标示书	0	过期与使用中的物品杂放在一起
		1	非最新的，且随意摆放
		2	是最新的，但随意摆放
		3	有卷宗夹保管，但无次序
		4	有目录，有次序，且整齐，任何人很快能使用
5	文件档案	0	零乱放置，使用时没法找
		1	虽显零乱，但可以找得着
		2	共同文件被定位，集中保管
		3	以事务机器处理而容易检索
		4	明确定位，使用目视管理，任何人都能随时使用

表 3-6 部门内自我查核表（清扫）

项次	查核项目	得分	查核状况
1	通道	0	有烟头、纸屑铁屑、其他杂物
		1	虽无脏物，但地面不平整
		2	有水渍、灰尘
		3	早上有清扫
		4	使用拖把，并定期打蜡，地面光亮
2	作业场所	0	有烟蒂、纸屑、铁屑、其他杂物
		1	虽无脏物，但地面不平整
		2	有水渍、灰尘等
		3	零件，材料、包装材存放不妥，掉地上
		4	使用拖把，并定期打蜡，很光亮
3	办公桌作业台	0	文件，工具、零件很脏乱
		1	桌面、作业台面布满灰尘
		2	桌面、作业台面虽干净，但破损未修理
		3	桌面、台面干净整齐
		4	除桌面外，椅子及四周均干净亮丽
4	窗 墙板 天花板	0	任凭其破烂
		1	破烂但仅应急简单处理
		2	乱贴挂不必要的东西
		3	还算干净
		4	干净亮丽，清新舒爽
5	设备 工具 仪器	0	有生锈
		1	虽无生锈，但有油垢
		2	有轻微灰尘
		3	保持干净
		4	使用中有防止不干净的措施，并可以随时清理

表 3-7 部门内自我查核表（清洁）

项次	查核项目	得分	查核状况
1	通道作业区	0	没有划分
		1	有划分
		2	划线感觉还可以
		3	划线清楚，地面有清扫
		4	通道及作业区感觉很舒畅
2	地面	0	有油或水
		1	有油渍或水渍，显得不干净
		2	不是很平
		3	经常清理，没有脏物
		4	地面干净亮丽，感觉舒服
3	办公桌作业台椅子架子会议室	0	很脏乱差
		1	偶尔清理
		2	虽有清理，但还是显得脏乱
		3	自己感觉很好
		4	任何人都会觉得很舒服
4	洗手台厕所	0	容器或设备脏乱
		1	破损未修补
		2	有清理，但仍有异味
		3	经常清理，没异味
		4	干净亮丽，还进行了装饰，感觉舒服
5	储物室	0	阴暗潮湿
		1	虽阴湿，但加有通风
		2	照明不足
		3	照明适度，通风好，感觉清爽
		4	干干净净，整整齐齐，感觉舒服

表 3-8 部门内自我查核表（素养）

项次	查核项目	得分	查核状况
1	日常 5S 活动	0	没有活动
		1	虽有清洁清扫工作，但不是 5S 计划性工作
		2	开会有对 5S 加以宣导
		3	平常能够做得到的
		4	活动热烈，大家均有感受
2	服装	0	穿着脏，破损未修补
		1	不整洁
		2	纽扣或鞋带不整
		3	厂服、识别证依规定
		4	穿着依规定，并感觉有活力
3	仪容	0	不修边幅且脏
		1	头发、胡须过长
		2	头发或胡须过长
		3	均依规定整理
		4	感觉精神有活力
4	行为规范	0	举止粗鲁，口出脏言
		1	衣衫不整，不讲卫生
		2	自己的事可做好，但缺乏公德心
		3	公司规则均能遵守
		4	富有主动精神、团队精神
5	时间观念	0	大部分人缺乏时间观念
		1	稍有时间观念，开会迟到的人员很多
		2	不愿受时间约束，但会尽力去做
		3	约定时间会全力去完成
		4	约定的时间会提早去做好

9. 评比及奖惩

依 5S 管理实施办法，并用看板公布成绩，每月实施奖惩。

10. 检讨与修正

各责任部门依缺点项目进行改善，不断提高。

① QC 手法：是由日本科技联盟（JUSE）纳谷嘉信博士所领导 QC 方法开发委员会于 1972 年整理提出的管理工具。QC 七大手法为亲和图法（KJ 法）、系统图法、关联图法、矩阵图法、箭形图法、PDPC 法、矩阵数据解析法。

② IE 手法：在现场 IE 里，IE 七大手法包括程序分析、动作分析、搬运分析、动作经济原则、作业测定、Line Balance、布置研究。

在 5S 管理活动中，适当导入 QC 手法、IE 手法是很有必要的，能使 5S 管理活动推行得更加顺利、更有成效。

11. 纳入定期管理活动中

① 标准化、制度化的完善。
② 实施各种 5S 管理强化月活动。

需要强调的一点是，企业因其背景、架构、人员素质、企业文化的不同，推行时可能会有各种不同的问题出现，负责推行的部门要根据实施过程中所遇到的具体问题，采取可行的对策，才能取得满意的效果。5S 制度化、标准化表见表 3-9。

表 3-9　5S 制度化、标准化表

内容	制度、标准	检查重点
1S	1. 设定不要物品的回收制度。 2. 设定循环、转让、烧毁、掩埋等不同处理方法。 3. 设定废弃标准。 4. 尽量不制造不要物品。 5. 在机械设备周围设定足够的空间标准。 6. 作业流程标准	1. 所在的岗位是否乱放不要物品。 2. 不要的配线、配管是否乱放。 3. 产品或材料等是否直接放置在地上。 4. 是否在所定场所按照处理方法分别整理收集废弃物。 5. 是否分别整理量规类和工具类
2S	1. 按照质地、用途、形状、大小尺寸区分原材料、半成品和工具等，将小件物品归纳在容器内，并决定放置场所。 2. 重物在下，轻物在上。 3. 大件物品在下，小件物品在上。 4. 与作业工序相协调。 5. 按物品、场地决定分担，定期检查	1. 是否定位标明主要通道和放置场所。 2. 是否分清专用工具和通用工具，并使之处于易使状态。 3. 是否按标准高度堆放产品、纸箱。 4. 是否在消防设备周围放置物品。 5. 地上是否有凹凸、破损、突起物等障碍

续表

内容	制度、标准	检查重点
3S	1. 清扫就是点检。机械设备的灰尘、污垢等会引起不良故障和事故等。 2. 清扫活动的推进方法。 全体活动：大扫除和脏物源的对策； 个别活动：岗位、设备的清扫； 局部活动：通过清扫、点检设备夹具而排除细小缺陷设备 3. 不放置脏物，不使之严重化，一旦发现立即处理是清扫的秘诀	1. 地面通道、机械周围是否有掉落元件、灰尘和垃圾。 2. 机械各部位是否被粉末、机油等弄脏。 3. 配线、配管是否被弄脏。 4. 加油设备、使用有剂溶剂的设备的放置场所是否被弄脏。 5. 照明器具的灯罩、灯泡、反射板是否被弄脏
4S	1. 5S的标准化和异常显现化 （1）急需管理的地方在哪里？ （2）怎样会出现异常？ （3）能否感知？ （4）怎样行动？ 2. 努力贯彻目视管理 （1）管理标签 ● 润滑油标签； ● 负责人标示； ● 点检标签 （2）管理界限标签 ● 表示仪表范围； ● 信号； ● UCL/LCL符号	1. 是否着不安全或肮脏的衣服。 2. 是否有足够的灯光照明。 3. 是否在规定地点吸烟、用餐。 4. 是否经常整理、整顿岗位，是否彻底进行清扫
4S	（3）视觉化 ● 透明化； ● 定点摄影片； ● 状态定量化	
5S	1. 行为的重要性 ● 贯彻用眼管理，正确传达意图； ● 操作人员亲自参与制作标准书或检查清单 2. 自身责任（有关自身行动） ● 亲自动口动手； ● 养成不忘记的习惯	1. 是否每天进行规定点检。 2. 是否随时适当进行作业指示和汇报。 3. 是否使用规定的保护用品。 4. 是否正确戴防护帽、戴厂牌。 5. 是否一定会在规定时间内集合

三、5S推进的7大方法

1. 现场巡视

现场巡视和定点拍照主要用于整理、整顿及清扫活动。

其实施的要点是记录问题直到改善，然后改善后结果记录。

通过活动展示问题点，增加责任感；改善前后的鲜明对比，能给员工以信心和成就感。

现场巡视由 5S 推进组织、部门负责人或 5S 代表参与，在推进委员会成员或企业领导的带领下，对全企业范围进行巡视检查，指出生产现场存在的问题，并要求限期改善。这种巡视找问题的做法在 5S 活动推行初期、员工对问题意识还不够时，对活动的推进能够起到非常积极的作用。巡视找问题需要完成的工作如下。

① 指出现场存在的问题。
② 对改善的方法提出指导意见。
③ 对跨部门的难点问题的解决进行现场协调。
④ 和所在部门负责人约定改善实施时间。
⑤ 监督对所指出的问题的改善实施。

巡视时应该记录所指出的问题和改善要求，使其具有可追溯性，以便做好指出问题的后续改善工作。

2. 定点拍照

定点拍照是指对问题点改善前后的状况进行拍照，以便清晰地对比改善前后的状况。

进行定点拍照时应做到以下几点。
① 面向同一方向。
② 拍照者前后尽量站在同一位置。
③ 若是变焦镜头，应尽量使用同一焦距。
④ 照片上最好能印上日期。

进行定点拍照所拍摄的改善前后的两张照片的不同点应该只是照片所反映的改善前后的状况和拍摄的日期。

两张照片冲印出来后要对它们进行归纳对比，把两张照片一同贴在 A4 大小的纸上，并对改善前后的状况添加必要的文字描述。

将用定点拍照总结的改善事例展示在 5S 板报上，这样可以增强实施改善的员工的成就感，又能很直观地告诉其他员工什么是好，什么是不好，从而培养广大员工的解决问题意识。

3. 问题票活动

问题票活动适用于 5S 活动的全过程。使问题点可视化，统一员工对问题点的认识，便于促进督促进度。

问题票活动是由推进委员会组织发起的一项解决问题的活动，其做法是在发现问题的地方贴上问题票，督促有关责任人员进行改善。

问题票活动作为推行 5S 的一种行之有效的手法，在日本企业被广泛采用。问题票活动不仅可以求得问题的解决，促进 5S 活动的推进，而且有助于培养员工的问题意识，统一员工对问题的认识，提升员工发现问题的能力，培养员工正确看待问题的习惯。

问题票活动主要由一般问题点的对策流程和难点问题的对策流程两个部分组成。其活动的开展一般按照下面的程序进行。

（1）活动的准备

在开展问题票活动之前，要做好以下几个方面的准备工作。

① 问题票的印制。问题票可以自己制作，较大的企业可根据需要委托印刷公司统一印制。一般会采用红色的纸张来印制问题票。

问题票以一张扑克牌的大小为宜，上面的项目包括管理编号、日期、发行人、问题描述、对策结果记录等内容，为了便于活动实施过程中对问题点的管理，每张问题票必须要有自己独有的管理编号。问题票样式如图 3-1 所示。

② 制订活动实施办法。

a. 明确问题及要张贴对象的范围。问题票适用于指出 5S 活动中的问题点包括现场堆放无用物品，物品摆放不整齐，场地设备脏污，以及地面、墙面、门窗、桌椅等设施的不同程度损坏。

问题票指出的问题应该是具体明确的、能够被解决的，并且解决方法也是可行、具体明确的。

b. 对问题票的管理。推进委员会首先要指定参与现场巡视和贴问题票的人员，一般来说这些人应该是推进委员会的成员、各部门的负责人、5S 代表和其他对 5S 有较好认识的人。不要随意指定某人、或谁有空就由谁参与这项活动，那样会给活动带来不良影响。

问题票

管理编号：　　　　　　　　　　　　发行人：

<table>
<tr><td>区域或设备名</td><td></td><td>日 期</td><td></td></tr>
<tr><td colspan="4">问题描述：</td></tr>
<tr><td colspan="4">对策结果记录：</td></tr>
<tr><td>对策人</td><td></td><td>责任人</td><td></td></tr>
<tr><td colspan="4">注：对策完毕后，请将问题票返回发行人。</td></tr>
</table>

图 3-1　问题票样式

推进委员会在发问题票时，要依据问题票的管理编号进行登记；

发行人在使用问题票时，要对每张问题票进行登记，使发出去的问题票都有据可查。

被指责的责任人对问题对策完毕后，应将问题票返回发票人，以便于对问题改善的情况进行确认和对活动成果进行总结。

c. 活动开展方式。问题票活动可以长期坚持开展，也可以以"问题票活动月"等这样的形式短期进行。

d. 活动前的协调。活动开始前必须对参与人员和各部门负责人进行有效动员，动员工作一般以会议形式进行。而动员会的目的包括让各部门负责人拥有一个开放的心态；具体说明活动的方法、活动计划以及回收问题票的进度要求等；约定活动目标。

（2）问题票活动的实施

① 贴问题票。在问题票活动实施期间，发票人应深入生产现场，寻找存在的问题，并将问题票贴上。有些情况拿不准是不是问题，比如不能判定一件物品是不是真的不需要，也可以贴问题票。

现场责任人对待问题票应抱着一种开放的心态，因为问题票是用来帮助发现问题，帮助提高的。不必担心自己的管理区域贴的问题票太多，相反，应该是数量越多越好。在问题票活动开展期间，有的区域可能被贴了许多问题票，看上去很难受。但把这些问题都解决了，把这些问题票都揭下来后，工作场所的面貌也就大变样了。

现场的问题票有两个作用，一个作用是告诉员工这里就是问题，另一个作用是督促员工尽快解决问题。这样有利于培养员工的问题意识，并且学会举一反三。

② 问题票清单。针对被指出的问题，所属部门要派人对问题票进行登记，制成问题票清单（表3-10），以便跟进管理和在揭问题票时进行确认。

表3-10 问题票清单

部门：

序号	问题现象或场所	对策方法	担当部门	责任人	完成时间	确认	备注
1							
2							
3							
4							
5							
6							

续表

序号	问题现象或场所	对策方法	担 当 部 门	责任人	完成时间	确认	备注
7							
8							
9							
10							
11							
12							

注：部门负责人有跟进监督的责任，确认栏由部门负责人填写。有新问题可以不断增加。

③ 问题对策计划和对策实施。针对问题点清单中列出的问题，首先要决定问题的对策计划，即指出具体的对策方法、对策时间和对策责任人等。

问题解决后，由所属部门主管人员或班组长对现场的对策效果进行确认，经认可后就可以把问题票揭下来。在问题票上将对策结果记录后，将问题票返还问题票的发票人。

针对已解决的问题，在问题票清单上也要做好相应的记录。

（3）对策源活动

有些问题可能是责任人难以独自解决的，比如需要资金投入、需要和其他部门协调，或者一时找不到好的对策办法等。这时就需要得到部门负责人和问题票发行人的帮助，由他们帮助对问题进行协调处理。对仍然不能解决的问题，需要进行特别登记管理，并通过发生源对策活动来加以解决。

4. 发生源对策活动

当问题票活动推进一段时间后，绝大部分问题都能得到有效的解决，但是还有小部分难点问题和发生源得不到解决。针对这些难点问题、慢性问题及发生源，有必要进行有计划的对策活动，这就是发生源对策活动。其实施要点有以下几个方面。

（1）发生源和难点问题调查

发生源就是污染产生的源头，如润滑油的泄漏、冷却水的泄漏、粉尘和加工废料的产生处、噪声的产生处等。通常，对发生源的治理是比较困难的，而其本身往往就是难点问题。

要解决发生源和难点问题，就要对发生源与难点问题的位置及产生的原因进行调查分析，并进行书面整理统计。这样做的目的是明确各种发生源和难点问题的位置和变化，以根据情况的变化对统计情况进行维护整理。

发生源与难点问题调查表见表 3-11。

表 3-11 发生源与难点问题调查表

序号	问题点	类别	问题产生原因	处理办法	能否自主实施
1	机房气味难闻	发生源	排气道连接处密封不佳，轻微漏气	连接处加密封棉	能
2	墙面脏污	困难处	使用年限长	粉刷投资约2000元	不能
3	通道内堆放大量杂物	困难处	长期堆放所成	加大整理整顿工作量	能

（2）制订对策方案和对策计划

在考虑对策能力、对策工作量以及资金投入等实际情况的基础上，制订对策方案，逐步完成发生源与难点问题的处置与改善。对策方案和对策计划中应包括以下几个方面。

① 规定各小组和个人在方案实施中的职责。

② 具体的对策方法。

③ 方案实施的时间表。

难点问题对策计划书见表 3-12。

表 3-12 难点问题对策计划书

序号	问题点	对策项目	担当者	改善日程							
				1W	2W	3W	4W	5W	6W	7W	8W
1	发电机房漏气	连接处加密封棉									
2	墙面脏污	粉刷墙壁									
3	通道内堆放大量杂物	彻底整理整顿									

（3）实施对策

按时完成对策实施情况的报告，报告中应包括实施的项目、实施的效果及结果评价等内容。发生源和难点问题对策报告见表 3-13。

表 3-13 发生源和难点问题对策报告

序号	问题点	对策项目	担当者	实施结果	评价	反省和今后的计划
1	机房气味难闻	连接处加密封棉		更换6处，气味消失	○	定期点检，确认更换周期

续表

序号	问 题 点	对策项目	担当者	实施结果	评价	反省和今后的计划
2	墙面脏污	粉刷墙壁		墙面粉刷200平方米	○	需定期点检并及时刷新
3	通道内堆放大量杂物	彻底整理整顿		清理完成：3人5天	○	追加场所点检

5．油漆作战

（1）油漆作战的原因

油漆作战主要适用于清扫活动。其实施要点是彻底清扫、修理修复及全面油漆，以创造清新宜人的工作场所，使老旧的场所、设备及用具等恢复如新，给员工以舒适的工作环境。

在清扫阶段，通常的做法是搞一次彻底的清扫，把看得见和看不见的地方都清扫干净。但是，仅做到这一点是不够的。因为在一般情况下，不好的管理现场经常会出现各类设施破损，设备表面锈迹斑斑，地面、墙面油漆经常脱落等问题。光靠简单的扫除并不能解决这类问题，由于看不到令人信服的效果，员工对5S活动的参与热情将不能很好地保持。

现实经验表明，在需要修理、修复的问题项目中又有多数问题是老化和年久失修的地面、墙面、门窗、天花板、机器设备表面，以及其他物品的损毁现象。解决这类问题的最好办法就是实施"油漆作战"，通过刷油漆，彻底改变现场的整个面貌。

（2）油漆作战的意义

① 促进员工的广泛参与。员工能够在参与过程中体会现场变化带来的乐趣和变化的来之不易，强化员工的自主维护意识。

② 节约成本。自主完成涂刷工作的成本是外委成本的几分之一，甚至更低，在很大程度上节省了开支。

③ 员工技能和能力的提升。员工特别是后勤部门的员工将能够从油漆作战中学到很多东西，包括对油漆的认识、涂刷油漆的窍门；提升部门间、员工间协同工作的能力。

④ 体会旧貌换新颜的成就感。员工见到自己多年不变的工厂和斑驳破旧的设备在突然变得干净如新时，那种成就感和满足感是不言而喻的，它将大大激发员工对改善现场工作的热情。

⑤ 有利于日后保全工作的推动。油漆作战之后，员工尤其是后勤部门的员工

已经能够熟练地掌握刷油漆的窍门，今后的生产布局调整和修理、修复工作都将变得轻而易举，而且可以大大地缩短作业周期。

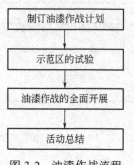

图 3-2　油漆作战流程

(3) 油漆作战的实施

油漆作战流程如图 3-2 所示。

油漆作战的实施一般按照以下几个步骤进行。

① 计划——油漆作战的准备和标准的制订。进行油漆作战之前，要制订一个具体的行动计划，计划包括以下几个方面的内容。

a. 决定对象区域、设备等。

b. 对处理前的状况进行记录、照相等。

c. 标准的确定，即进行区域、通道的规划，决定不同场所所用油漆的颜色等。

d. 工具、材料的准备。

e. 参与人员和责任分档。

f. 学习涂刷油漆的方法等。

涂刷油漆的工作其实并不简单，实际操作起来有很多具体的问题要解决。比如涂刷油漆方法的学习就是很重要的一个方面，最好的办法是具体咨询油漆厂家，并根据专家的指导制作一个油漆使用方法指导书，对涂刷前的处理、涂装用具、溶剂、涂层的厚度、干燥的时间及配色等方面进行说明。

② 试验——示范区域、示范设备的实验。在全面涂刷油漆之前，要选定一个示范区域或示范设备，按照事先决定的标准进行示范操作。实验的目的是为了确认计划阶段所做的标准是否合适，实验后可以在听取多方意见的基础上对计划中所列的标准进行修改。

③ 推广——油漆作战的全面展开。根据修改后的计划，具体安排和实施涂刷油漆活动。当然，做好油漆作战还需要注意以下几个问题。

a. 选择合适的时机，即在不影响生产的前提下确定实施的时间。

b. 注意在涂刷之前，要彻底清理设备、地面、墙面上的脏污，如灰尘、胶纸、油污、铁锈等其他附着物。

c. 注意实施过程中的安全防范，特别是要注意防火、机器设备搬动中的保护以及员工接触油漆溶剂过程中的安全等。

④ 总结。做好油漆作战前后的对比总结工作也是很重要的。

6. 红牌作战

红牌作战是指在工厂内找到问题点并悬挂红牌，让大家一目了然，从而积极去改善，达到整理、整顿的目的。

（1）红牌的作用

① 使必需品和非必需品一目了然，提高每个员工的自觉性和改进意识。

② 红牌上有改善期限，便于查看。

③ 引起责任部门注意，及时清除非必需品。

（2）红牌表单的形式

见表3-14。

表3-14　红牌表单

部门：		日期：		
品名：		型号：		数量：
类别	□设备　□计量器具 □半成品　□成品		□材料　□部件 □事务用品　□其他	
原因	□老化　□订单取消 □加工不良　□生产预定的估计错误		□设计变更　□失去用途 □其他	
处理方法				
判定者：		审核：		核准：

（3）实施红牌作战时的注意事项

① 向全体员工说明被挂红牌是为了把工作做得更好，要以正确的态度对待，不可置之不理，或者认为是奇耻大辱。

② 情况的好坏，每个人都可以正确判断。

③ 挂红牌的理由要充分，事实要确凿。

④ 区分严重程度，确实存在的问题就要挂红牌；仅是需要提醒注意的，可挂黄牌。

⑤ 频率不宜太高，一般一个月一次，最多一星期一次。

（4）红牌作战的实施步骤

① 红牌作战出台。

a. 成员：各部门领导。

b. 时间：1～2个月。

c. 重点：教育现场人员不可将没用的东西藏起来，制造假象。

② 决定挂红牌的对象。

a. 在库：原材料、零部件、半成品及成品。

b. 设备：机械、设备、模具、工装夹具及防护用品。

c. 储运：货架、流水线、电梯、车辆及卡板等。

员工不是挂红牌的对象。否则容易打击员工士气，或者引起不必要冲突。

③ 明确判定标准。什么是必需品，什么是非必需品，要把标准确定下来。

比如，工作台上当天要用的为必需品，其他为非必需品。非必需品放在工作台上时要挂红牌。

④ 红牌的发行（使用醒目的红色纸）。记录发现区、问题、内容、理由等。

⑤ 挂红牌。

a. 间接部门的人觉得应该挂的才挂红牌。

b. 红牌要挂在引人注目的地方。

c. 不要让现场的人自己挂红牌。

d. 理直气壮地挂红牌，不要顾及面子。

e. 红牌即命令，不容置疑。

f. 挂红牌要集中，时间跨度不可太长。

⑥ 红牌的对策与评价。

a. 对红牌要跟进改善制度。

b. 对实施效果进行评价。

c. 可将改善前后的对比记录下来，作为经验和成果展示给大家。

7. 看板作战

看板作战是为了让大家明白对必需品的管理方法，以便使用时能马上拿到，做到寻找时间为零。有关看板的内容在后面章节还有详细介绍。

看板管理和红牌作战方法相辅相成，缺少其中任意一个，清理整顿的效果都会大打折扣。

（1）传递情报，统一认识

① 看板是在现场进行信息传递的有效途径。现场工作人员众多，将信息逐个传递或集中在一起讲解是不现实的，通过看板传递既准确又迅速，还能避免在传达中出现遗漏。

② 每个人都有自己的见解和看法，企业可通过看板来引导大家统一认识，朝共同目标前进。

（2）帮助管理，防微杜渐

① 看板上的内容容易理解，便于管理者判定、决策或跟进，便于新人更快地熟悉业务。

② 已经揭示公布出来的计划书，员工就不会遗忘，进度跟不上时也会形成压力，从而强化管理人员的责任心。

（3）绩效考核更公开、公正，促进公平竞争

① 工作成绩通过看板来揭示，差的、一般的及优秀的一目了然，无形中起到

激励先进、促进后进的作用。
② 以业绩为尺度,以防绩效考核中的人为偏差。
③ 让员工了解公司绩效考核的公正性,积极参与正当的、公平的竞争。
(4) 看板作战的"三定原则"
① 定位:放置场所明确。
② 定品:种类名称明确。
③ 定量:数量多少明确。
要明确"三定原则"内容,看板管理必不可少。

第二节 班组 5S 管理实务

一、SEIRI(整理)在班组的具体实施

所谓的整理(SEIRI),就是指在班组工作现场区别要与不要的东西,保留有用的东西,撤除不需要的东西。整理对象主要是清理现场被占用而无效用的"空间"。其目的是清除零乱根源,腾出"空间",防止材料的误用、误送,创造一个整洁的工作场所。关键点是必须要有决心,不必要的物品应断然地加以处置。

1. 领会开展 5S 的目的,建立共同认识

① 确认不需要的东西,多余的库存会造成浪费。
② 向全体员工宣讲,取得共识。
③ 向员工宣布整理的措施。
④ 定出整理的要求。

2. 工作现场进行全面检查

点检出哪些东西是多余的,整理活动检查表见表 3-15。

表 3-15 整理活动检查表

检查区域	检查内容
办公场地(包括现场办公桌区域)	办公室抽屉、文件柜的文件、书籍、档案、图表、办公桌上的物品、测试品、样品、公共栏、看板、墙上的标语、月历等

续表

检查区域	检查内容
地面（特别注意内部、死角）	机器设备大型工模夹具，不良的半成品、材料、置放于各个角落的良品、不良品、半成品、油桶、油漆、溶剂、粘接剂、垃圾筒、纸屑、竹签、小部件
室外	堆在场外的生锈材料、料架、垫板上之未处理品、废品、杂草、扫把、拖把、纸箱
工装架上	不用的工装、损坏的工装、其他非工装之物品、破布、手套、酒精等消耗品、工装（箱）是否合用
仓库	原材料、废料、储存架、柜、箱子、标识牌、标签、垫板
天花板	导线及配件、蜘蛛网、尘网、单位部门指示牌、照明器具

3. 确定"需要"与"不需要"的标准

对工作现场进行全面盘点。就现场盘点的现场物品逐一确认，判明哪些物品是"要"的，哪些是"不要"的。

根据上面的确认，制订出"需要"与"不需要"的标准，员工根据标准实施"大扫除"。对于现场不需要的物品，比如用剩的材料、切下的料头、多余的半成品、切屑、垃圾、废品、多余的工具、报废的设备、员工的个人生活用品等，要坚决清理出生产现场。这项工作的重点在于坚决清理现场不需要的东西。

整理的实施要点就是对生产现场摆放的物品进行分类，从而区分出物品的使用等级。一般可以将物品划分为"不用""很少用""较少用""经常用"这四个等级，整理活动物品分类表见表3-16。

表3-16　整理活动物品分类表

区分等级	使用频率	处理结果
不用	不能使用	废弃处理
不用	不再使用	废弃处理
很少用	可能会再使用（1年内）	存放于储存室
很少用	6个月到1年左右使用一次	存放于储存室
较少用	1个月到3个月左右使用一次	存放于储存室
经常用	每天到每周使用一次	存放于工作场所附近

对于"不用"的物品，应该及时清理出工作现场，进行废弃处理；对于"很少用""较少用"的物品，也应该及时进行清理，或者改放在储存室中，当需要

使用时再取出来；对于"经常用"的物品，应当保留在工作现场的附近。

4. 弃物处理方法

依据分出的种类，该报废丢弃的一定要丢掉，该集中保存的由专人保管。
① 设定不要物品的回收制度。
② 设定废弃小组。
③ 设定循环、转让、烧毁及掩埋等处理方法。
④ 尽量不要制造不要物品。
废弃物的处理方法如图 3-3 所示。

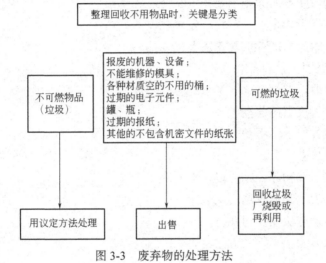

图 3-3　废弃物的处理方法

5. 进行自我检查

① 所在岗位是否乱放不要物品。
② 产品或工具是否直接放在地上。
③ 配线配管是否杂乱。
④ 是否在所定场所按照处理方法分别整理、收集废弃物或不要物品。

二、SEITON（整顿）在班组的具体实施

整顿就是把工作所需的东西按规定位置摆放整齐，并将其做好标识以便管理。其对象主要为任意浪费时间的工作场所；目的在于：工作场所一目了然；整齐的工作环境减少找寻物品的时间；消除过多的积压物品。整顿对于效率的提高有着举足轻重的作用。

1. 实施要领

① 落实前一步骤整理的工作。
② 布置流程,确定放置场所。
③ 明确数量,规定放置方法。
④ 划线以便做好定位。
⑤ 做好场所、物品的标识工作。

2. 场所、方法、标识——整顿"三要素"

(1) 放置场所
① 物品的放置场所原则上要 100% 设定。
② 物品的保管要定点、定容、定量。
③ 生产线附近只能存放真正需要的物品。

(2) 放置方法
① 容易拿取。
② 不超出所规定的范围。
③ 在放置方法上多下功夫。

(3) 标识方法
① 放置场所和物品原则上以一对一表示。
② 现物的表示和放置场所的表示。
③ 某些表示方法全公司要统一。
④ 在表示方法上多下功夫。

整顿的"三要素"见表 3-17。

表 3-17 整顿的"三要素"

方 法	内 容
决定放置场所	① 经整理所留下的需要东西,物品要定位存放; ② 依使用频率,来决定放置场所和位置; ③ 用标志漆颜色(建议黄色)划分通道与作业区域; ④ 不许堵塞通道; ⑤ 限定高度堆高; ⑥ 不合格品隔离工作现场; ⑦ 不明物撤离工作现场; ⑧ 看板要置于显目的地方,且不妨碍现场的视线; ⑨ 危险物、有机物、溶剂应放在特定的地方; ⑩ 无法避免将物品放于定置区域时,可悬挂"暂放"牌,并注明理由时间
决定放置方法	① 置放的方法有框架、箱柜、塑料篮、袋子等方式; ② 在放置时,尽可能安排物品的先进先出;

续表

方　法	内　容
决定放置方法	③ 尽量利用框架，经立体发展，提高收容率； ④ 同类物品集中放置； ⑤ 框架、箱柜内部要明显易见； ⑥ 必要时设定标识注明物品"管理者"及"每日点检表"； ⑦ 清扫器具以悬挂方式放置
合理定位的方法	① 一般定位方式可使用以下方法。 　a. 标志漆（宽 7～10cm）； 　b. 定位胶带（宽 7～10cm）。 ② 一般定位工具包括以下几种。 　a. 长条形木板； 　b. 封箱胶带； 　c. 粉笔； 　d. 美工刀等 ③ 定位颜色可进行如下区分。 　黄色——工作区域，置放待加工料件； 　绿色——工作区域，置放加工完成品件； 　红色——不合格品区域； 　蓝色——待判定、回收、暂放区 　※ 具体用何种颜色视原底色而定 ④ 定位形状包括以下几种。 　a. 全格法——依物体形状，用线条框起来； 　b. 直角法——只定出物体关键角落； 　c. 影绘法——依物体外形

3. 定点、定容、定量——整顿"三定"原则

① 定点。确定合适的地点。
② 定容。确定搭配容器、颜色。
③ 定量。规定合适的数量。

4. 整顿的内容

生产现场物品的合理摆放有利于提高工作效率和产品质量，有利于保障生产安全。这项工作已发展成一项专门的现场管理方法——定置管理。各个场所的整顿活动内容见表 3-18。

表 3-18　各个场所的整顿活动内容

类　别	具体整顿内容
1. 工装夹具等频繁使用物品的整顿	（1）充分考虑能否尽量减少作业工具的种类和数量，利用油压、磁性等代替螺钉，使用标准件，将螺钉共通化，以便可以使用同一工具。 （2）考虑能否将工具放置于作业场所最近的地方。

续表

类　别	具体整顿内容
1. 工装夹具等频繁使用物品的整顿	（3）在"取用"和"归还"之间，应特别重视"归还"，需要不断地取用、归还的工具，最好用吊挂式或放置在双手展开的最大极限之内。采用插入式或吊挂式"归还原位"，也要尽量使插入距离最短，挂放方便又安全。 （4）要使工具准确归还原位，最好以影印图、区分的颜色、特别记号、嵌入式凹模等方法进行定位
2. 切削工具类的整顿	（1）频繁使用的工具，应由个人保存；不常用的工具，则尽量减少数量，以通用化为佳。先确定必须用的最少数量，将多余的收起来集中管理。特殊用途的刀具更应该标准化以减少数量。 （2）易碰伤的工具，存放时要方向一致，以前后方向直放为宜，最好能采用分格保管或波浪板保管，且避免堆压。 （3）注意防锈，抽屉或容器底层铺上浸润油类的绒布
3. 夹具量具的整顿	（1）放置在机器台上，为防止滑落或撞击，必须铺上橡胶垫。 （2）如螺旋测量器等，放置在一起时前后方向应一致，互相隔开。 （3）实验板、规尺等，为了防止翘曲，应以垂直吊挂为宜。 （4）水平台不用时，须加盖子。 （5）必须注意防尘、防污、防锈，不用时涂上防锈油或用浸油的绒布覆盖
4. 在制品的整顿	（1）严格规定在制品的存放数量和存放位置。 确定工序的交接点生产线和生产线之间的中继点所允许的在制品标准存放量和极限存放量，指定这些标准存放量的放置边界、限高占据的台车数、面积等，并有清晰的标志以便周知。 （2）制品堆放整齐，先进先出。在现场堆放的在制品，包括各类载具、搬运车、栈板等，要求始终保持叠放整齐，边线相互平行或垂直于主通道，既能使现场整齐美观，又便于随时清点，确保在制品"先进先出"。 （3）合理的搬运。置垫板或容器，应考虑到搬运的方便；用传送带或有轮子的容器来搬运。 （4）制品存放和移动中，要慎防碰坏刮伤，应有缓冲材料将在制品间隔以防碰，堆放时间稍长的要加盖防尘，不可将在制品直接放在地板上。 （5）不良品放置场地应用红色标志。如果将不良品随意放，容易发生误用，所以要求员工养成习惯，一旦判定为不良品，应立即将其放置于指定场所
5. 仓库的整顿	（1）定位置 ①材料及成品以分区、分架、分层来区分； ②设置仓库总看板，使相关人员对现况把握情况一目了然； ③搬运工具的定位，以减少寻找的时间； ④严守仓库的门禁和发放时间。 （2）定品目 ①相同的物品，在包装方式和数量上应尽量一致； ②设定标准的量具来取量； ③设定最高限量的标准。 （3）定数量。各种材料、成品的规格不一，要有不同的容器来装载，大小不一的容器不仅显得不整齐，同时也浪费空间，容器的规格选择亦须考虑搬动的方便

续表

类别	具体整顿内容
6. 办公室的整顿	（1）工作区域 ① 有间隔的，在门口标示部门； ② 有隔屏的，则在隔屏的正面标示部门； ③ 无隔屏的，则在办公桌上用标示牌标示； ④ 办公设备实施定位； ⑤ 桌垫下放置的内容最好统一规定，保持整洁； ⑥ 长时间离位以及下班时，桌面物品应归位，锁好抽屉，逐一确认后才离开。 （2）资料档案 ① 整理所有的文件资料，并依大、中、小进行分类； ② 不同类别活用颜色管理方法； ③ 文件内页引出纸或色纸，以便于检出。 （3）看板、公告栏 ① 看板、公告栏的版面格局区分标示，如"公告""教育训练信息""资料张贴"等； ② 及时更新资料。 （4）会议室、教室。所用的物品如椅子、烟灰缸、投影仪、笔、笔擦等应定位，设定责任者，定期以查核表逐一点检
7. 清扫用具的整顿	（1）放置场所 ① 扫把、拖把一般感觉较脏，勿放于明显处； ② 清扫用具绝对不可置放于配电房或主要入口处。 （2）放置方法 ① 长柄的如扫把、拖把等，用悬挂的方式放置； ② 垃圾筒、粪斗等在地上定位

三、SEISO（清扫）在班组的具体实施

清扫就是清除无需用到的东西，将工作现场保持在无垃圾、无污秽状态。其对象是工作现场"脏污"处。目的是清除脏污，保持作业现场干净、明亮；稳定品质；减少工伤。清扫工作的重点是责任化和制度化。

1. 建立清扫责任区

以平面图的形式，把现场的清扫范围划分到各个部门，再由各个部门划分至个人。公共区域可利用轮流值日和门前承包的方式进行。门前承包的区域将影响总结评比，人越少，责任区越大，得分自然越高。所以，不必相互推让，而且要力争多承担。

清扫工作在做到责任到人的同时，也需要做到互相帮助。

2. 执行例行扫除，清理脏污

规定例行扫除时间、时段及内容。

（1）时间

每日 5 分钟 5S；每周 30 分钟 5S；每月 60 分钟 5S。

（2）内容

① 全员依规定彻底清扫；

② 班组长要亲自参与清扫，以身作则；

③ 要清扫到很细微的地方，切勿只做表面工作。

3. 调查污染源，予以杜绝或隔离

（1）确认脏污与灰尘对生产质量的影响

① 在产品无防护层的外表面上形成腐蚀斑点，使外观不良；

② 造成产品成形时表面损伤，影响外装质量；

③ 在通电体造成开路或短路或接触不良；

④ 对光、电精密产品造成特性不稳或发生变化；

⑤ 使精细化工产品性能发生变化。

（2）废弃物的处置

不需要的物品按废品处理或清除掉。

（3）废弃物放置区的规划、定位

在室内外规划与定位设置垃圾桶或垃圾箱。

4. 建立清扫标准，作为规范

（1）清扫点检要项

对设备的清扫，应着眼于对设备的维护与保养。清扫设备要同设备的点检结合起来，清扫即点检；清扫设备要同时做设备的润滑工作，清扫也是保养。

（2）建立清扫标准

清扫标准包括清扫对象、清扫方法与重点、标准、周期、时机、使用的清扫工具、使用时间及负责人。

清扫活动检查表见表 3-19。

表 3-19　清扫活动检查表

5S 区	负 责 人	值日检查内容
计算机区		机器是否保持干净，无灰尘
检查区		作业场所、作业台是否杂乱，垃圾桶是否清理
计测器区		计测器摆放是否齐全，柜面是否保持干净，柜内有无杂物
休息区		地面无杂物，休息凳摆放是否整齐
治具区		治具摆放是否整齐，治具架是否保持干净
不良产品		地面无杂物，除不良品为无其他零件和杂物存放

续表

5S 区	负 责 人	值日检查内容
零件规格书放置区		柜内零件规格书摆放整齐,标识明确
文件柜及其他		文件柜内是否保持干净,柜内物品是否摆放整齐

备注:1. 此表的 5S 区是由责任者每天进行维护;
2. 下班前 15 分钟开始;
3. 其他包括清洁器具放置柜、门窗、玻璃。

四、SEIKETSU(清洁)在班组的具体实施

清洁就是维持上面 3S 的成果,其对象是工作区与周围环境。目的是消除脏污,保持作业现场干净、明亮;稳定品质;减少工伤。清洁管理的要点是制度化和定期检查。

1. 落实前面 3S 工作

① 彻底执行前 3S 各种工作。
② 前 3S 实施要坚持做好,否则原先设定的划线标示和废弃物的盛桶会成为新的污染而又造成困扰。
③ 班组长在这个过程中要主动参与。
④ 多利用标语宣传,维持新鲜活动气氛。

2. 制订目视管理、颜色管理的标准

① 借物品整顿的定位、划线及标示,彻底塑造一个场地、物品明朗化的现场,而达到目视管理的要求。
② 如果一个被定为存放"半成品"的地方,放了"不合格品",或是一个被定为放置"垃圾筒"的地方而放了"产品箱",都可以视为异常。
③ 除了场地、物品的目视化管理之外,设备、设施同样要加强目视管理,以防产生异常。

3. 设定"责任者",加强管理

"责任者"(负责的人,在班组为班组长)必须以较厚的卡片和较粗的字体标示,并且张贴或悬挂在责任区最明显的地方。

4. 制订考评方法

① 建立班组"设备清洁点检表"。

② 将点检表直接悬挂于"责任者"旁边。
③ 作业人员或责任者应做到认真执行,逐一点检,不随便、不做假。
④ 车间主管必须不定期地复查签字,以示重视,班组长必须全力配合。

5. 制订奖惩制度,加强执行

依企业 5S 竞赛办法,对在 5S 活动中表现优良和执行不力的员工分别予以奖惩。

6. 随时巡查纠正,巩固成果

有错时要及时沟通并纠正。班组长要积极配合主管人员的巡查工作。

五、SHITSUKE(素养)在班组中的具体实施

素养就是人人都依规定行事,养成良好的工作生活习惯。其管理对象是全体员工。目的是培养具有好习惯、遵守规则的员工;提高员工文明礼貌水准;营造良好的团体精神。

5S 活动始于素质,也终于素质。在开展 5S 活动中,要贯彻自我管理的原则,不能指望别人代为管理,而应充分调动现场人员来改善。

班组长要利用晨会等时间,提高班组成员文明礼貌的水准。让每位员工养成良好的习惯,并遵守各种规则。开展 5S 活动容易,但长时间的维持必须依靠素养的提升。

1. 推动前 4S 的工作

① 前 4S 是基本工作,也是手段,主要借助这些基本工作或手段,来使员工在无形中养成保持整洁的习惯。
② 通过前 4S 工作的持续实践,可以使员工真正地体验"整洁"的作业场所,从而养成爱整洁的习惯。
③ 若前 4S 工作没有落实,则第 5S(素养)也无法达成。
④ 一般而言,5S 活动推动 6~8 个月即可达到"定型化"的地步,但必须认真落实。

每年可选定某一月份作为"5S 加强月"。

2. 共同遵守的有关规则和规定

① 班组制订一般性的规则和规定时应尽可能地让员工参与,一般性规则和规定的主要内容包括作业要点、安全卫生守则、服装仪容规定、安全文明生产要求以及礼貌运动须知。

② 将各种规则、规定目视化，主要内容包括制作管理手册，制成图表，做成标语、看板，以及制成卡片。并且，目视化场所地点应选择在明显的地点。

3. 礼仪守则

① 语言礼仪：如"早上好""请""谢谢""对不起"等。
② 仪表礼仪：包括坐姿、走姿、发型、化妆、佩挂厂牌等。
③ 电话礼仪：如"对不起""她不在，请问能帮助您吗？"
④ 行为礼仪：如正确穿戴工作服，在规定的场所吸烟，在指定的地点进食等。

4. 培训

① 新进人员的教育培训：讲解各种规则、规定。
② 对老员工进行新订规章的讲解。
③ 利用班前、班后会的时间进行 5S 教育。
④ 通过以上各种教育培训在员工中建立共识。

5. 各种精神提升活动

① 班前会、班后会。
② 推行礼貌活动。
③ 实施适合员工的自主改善活动。

六、5S 活动中的定置管理

1. 什么是定置管理

定置管理是研究和改善现场的科学方法，研究分析生产现场中人、物、场所的结合状态和关系，做到"人定岗、物定位及危险工序定等级，危险品定存量，成品、半成品及材料定区域"，寻找改善和加强现场管理的对策和措施，最大限度地消除影响产品质量、安全和生产效率的不良因素。

定置管理是以生产现场为主要对象，研究分析人、物及场所的状况及其之间的关系，并通过整理、整顿及改善生产现场条件，促进人、机器、原材料、制度及环境有机结合的一种方法。它使人、物及场所三者之间的关系趋于科学化。

定置管理的对象是确定定置物的位置，划分定置区域，并做出明显的标志。定置管理的范围包括生产现场、库房、办公室、工具柜（箱）、资料柜及文件柜等。

定置管理是 5S 活动的一项基本内容，是 5S 活动的深入和发展。

定置管理与目视管理同为 5S 活动的两大有效工具。目视管理是利用形象直观而又色彩适宜的各种视觉感知信息来组织现场的生产活动,达到提高劳动生产率的一种管理手段,也是一种利用视觉来进行管理的科学方法。所以目视管理是一种以公开化和视觉显示为特征的管理方式。

5S活动中的整顿就包括场所整顿,5S活动的三定原则就是定位置、定数量、定区域。所以说,定置管理是整顿场的具体要求。

2. 定置管理的内容

(1) 工厂区域定置

工厂区域定置包括生产区定置和生活区定置。

① 生产区定置。生产区包括总厂、分厂(车间)及库房定置。比如,总厂定置包括分厂、车间界线划分、大件报废物摆放、厂房拆除物临时存放、垃圾区、车辆存停等。分厂(车间)定置包括工位、工段、机器设备、工作台、工具箱及更衣箱等。库房定置包括箱柜、货架及储存容器等。

② 生活区定置

生活区定置包括福利设施、道路建设、园林修造及环境美化等。

(2) 现场区域定置

现场区域定置包括毛坯区、半成品区、成品区、返修区、废品区及易燃易爆污染物停放区等。

(3) 可移动物定置

现场中可移动物定置包括劳动对象物定置(如原材料、半成品及在制品等),工卡、量具的定置(如工具、量具、容器、工艺文件及图纸等),废弃物的定置(如杂物、废品等)。

定置管理操作项目内容见表3-20。

表3-20 定置管理操作项目内容

项　目	操 作 内 容
整理(SEIRI)	区分要用和不用的物品
整顿(SEITON)	将要用的物品定出位置摆放,用完后放回原位
清扫(SEISO)	将不用的物品彻底去掉,打扫干净
清洁(SEIKETSU)	每时每刻都要保持美观、干净
素养(SHITSUKE)	使员工养成良好习惯,遵守各种规章制度

3. 班组推行定置管理的技巧

定置管理的程序可分为以下步骤:对生产现场和生产任务进行分析、平衡;

根据定置管理的原则进行定置设计，确定定置物的摆放位置，各类区域的划分要符合实际要求；绘制定置管理平面图；对生产现场进行清理、整顿、清洗、定置及验收工作。具体如下。

（1）定置实施

定置实施是定置管理工作的重点，包括以下三个步骤。

① 清除与生产无关的物品。生产现场中只要是和生产无关的物品，都要清除干净。清除与生产无关的物品应本着"双增双节"的精神，能转变利用便转变利用，不能转变利用时可以变卖，转化为资金。

② 按定置图实施定置。各个车间和班组都应按照定置图的要求，将生产现场、器具等物品进行分类、搬、转、调整并定位。定置的物品要与定置图相符，位置要正确，摆放要整齐，储存要有器具。可移动物，如推车、电动车等也要放在适当的位置。

定置实施必须做到有图必有物，有物必有区，有区必挂牌，有牌必分类；按图定置，按类存放，账（图）物一致。

③ 放置标准信息名称牌。放置标准信息名称牌要做到牌、物及图相符，并设专人管理，不得随意挪动。要遵守醒目和不妨碍生产操作的原则。

（2）定置检查与考核

定置管理的检查与考核一般分为两种情况。一是定置后的验收检查，检查不合格的不予通过，必须重新定置，直到合格为止；二是定期对定置管理进行检查与考核。这是要长期进行的工作，相比定置后的验收检查工作，显得更为复杂，更为重要。定置考核的基本指标是定置率，表明生产现场中必须定置的物品已经实现定置的程度。其计算公式如下所示。

定置率 = 实际定置的物品个数(种数)/ 定置图规定的定置物品个数(种数)×100%

第四章

现场目视管理

　　目视管理是一种以公开化和视觉显示为特征的管理方式，是利用形象直观而又色彩适宜的各种视觉感知信息来组织现场生产活动，达到提高劳动生产率的一种管理手段。

　　本章主要阐述目视管理的应用范围、使用原则、常用工具和管理方式与手段，并对物料目视管理、设备目视管理、质量目视管理、安全目视管理的实施方法进行了详细介绍。

第一节 目视管理技术

一、目视管理的应用范围

目视管理在班组现场的应用范围非常广泛,涵盖生产活动的各方面,如作业管理、进度管理、质量管理、设备管理、安全管理等。目视管理的应用范围见表4-1。

表4-1 目视管理的应用范围

应用范围	实施手法	实施方法	备注
设备管理	定位管理	划线等	
	状态管理	看板标识	
	点检标准	点检表	
	异常管理	极限标识	
物料管理	限量管理	最大、最小值标识	
	限高管理	极限高度标识	
	购买点管理	数量和购买点标识	
	异常管理	状态标识	
品质管理	区域划分	划上分界线等	
	分色管理	用油漆等涂色	
	特性值管理	文字标识	
	不良状态识别	分色或使用道具	
	品质异常提示	使用道具等	
备品管理	定位管理	划线或形迹定位	
备品管理	数量管理	文字标识或其他	
	异常管理	状态标识	

续表

应用范围	实施手法	实施方法	备 注
备品管理	购买点管理	限量和购买点标识	
场所管理	场所标识	趣味命名	
	区域划分	划线	
	揭示物整顿	格式和高度等统一	
	规范化管理	揭示物认可制	
环境管理	垃圾回收管理	分色、分类	
	环境美化	各类制作	
	节能降耗提示	温馨文字提示	
文件管理	文件摆放	定位标识	
	分类	分色、分段、分柜	
	提示	构建文件索引体系	
	查询	构建文件索引体系	
流程管理	操作程序提示	以多种方式提示在地面、墙面、通道、设备上	
	作业要点提示		
	办事流程提示		
目标管理	方针的提示	在指定场所悬挂	
	目标的展示	制作管理看板	
	指标推移情况提示	制作管理看板	

二、实施目视管理的三大原则

目视管理是一种公开化和视觉显示为特征的管理方式，也称之为"看得见的管理"。

实施目视管理的三大原则如下所示。

1. 使问题曝光

现场的问题要让它暴露出来。假使无法检测出异常，整个工作流程都会受到影响。如果冲床上的模具坏了，生产出不合格品又无人知道，那不久就会生产出堆积如山的不合格品；然而，附有"自动化"装置的机器，只要一出现不合格产品，即能自动停止生产。当机器自动停止，问题即能看得出来。

大部分从现场产生的信息，经过许多管理阶层的传达，最后才送到最高管理人员，因此在往上级呈报途中，信息有可能会逐渐地脱离了事实。然而，在实施目视管理的场所，管理人员只要一走入现场，一眼即可看出问题的所在。而且可以在当时、当场下达指示。目视管理的技法，使得现场的员工得以解决这些问题。

制造业的现场，尽可能地做到：一旦检测到异常之处，生产线即能停止生产。当生产线一旦停止，每一个人都能意识到发生了问题，然后会追究以确保此生产线不会再因相同的原因停止下来。

2. 能当场直接地接触到现场的事实

目视管理是一种很可行的方法，用以判定每件事是否在控制状态之下，以及异常发生的时刻，即能发送警告的信息。只要目视管理一发挥功能，现场每个人就能做好流程管理及改善现场。

相对管理者而言，管理本身也许会带来优越感，但对被管理者来说并不是件愉快的事情。"尽管减少管理、尽量自主管理"这一符合人性要求的管理法则，只有在目视管理中才能得到充分发挥。实施目视管理，即使部门之间、全员之间并不相互了解，但通过眼睛观察就能正确地把握企业的现场运行状况，判断工作的正常与否，这就能够实现"自主管理"的目的。省却许多不必要的请求、命令、询问，使得管理系统能高效率地运作。

3. 能使改善的目标清晰化

实现最高管理部门的方针是改善的终极目标。最高管理部门的职责之一，就是要设定企业的长期、中期方针以及年度方针，并且要以目视化陈列给员工知道。通常这些方针，都是陈列在企业的大门口、餐厅以及现场。当这些方针逐层往下一个管理阶层展开时，最后就会展开至现场的层级，每一个人就知道，为何必须要从事改善的活动。

当现场的员工了解到，他们改善活动与企业的经营策略相关时，以及存有执行任务的感觉时，改善活动在现场员工的心目中才能变得有意义。目视管理最大的作用就是可以认定问题，突显出目标与现状之间的差异。换言之，目视管理是一种稳定流程（维持的功能）以及改进流程（改善的功能）的一种工具。目视管理是鼓舞现场员工达成管理目标很有效的工具。将达成的目标及向目标前进的趋势，以目视化的方式表现出来，可使作业人员发掘出许多的改善机会，增强工作绩效。

三、目视管理的常用工具

目视管理具有直观、易识、简便，传递信息快，工作效率高；信息公开透明，便于现场人员的协调配合与相互监督；能够改善生产条件和环境，有利于产生良好的生理和心理效应；可以强化企业体质、有利于提高企业形象等特点，班组长要学会使用各种目视管理工具。

1. 看板

看板，是指用在 5S 活动的看板作战中，使用物品、放置场所等基本状况的表示板。具体位置在哪里？做什么？数量有多少？谁负责哪里等等重要信息均记入看板，让人一目了然。目视管理多以看板为载体。

2. 操作流程图

操作流程图（图 4-1）是指描述工序重点和作业顺序的简要指导书，又称 OI，有时也称为"步骤图"。用于指导现场生产作业。一般在现场单独使用标准作业表的情形较少，多数情况下是用将人、机器、工作组合起来的操作流程图。

3. 生产管理板

生产管理板用来提示生产线生产状况进度的表示板，记入生产实绩、设备稼动率、异常原因（停线、故障）等，用于看板管理。

4. 警示线

警示线（图 4-2）在仓库或其他物品放置场所表示最大或最小的库存量。用于看板作战中。

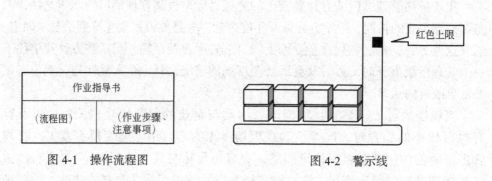

图 4-1　操作流程图　　　　　　　　　图 4-2　警示线

5. 红牌

红牌用于 5S 活动中的整理，是改善的基础起点，用来区分日常生产活动中非必需品，如有油污、肮脏的设备、办公室的死角等。挂红牌的活动又称红牌作战。具体请参见上一章。

6. 信号灯

信号灯（图 4-3）是工序内发生异常时用于通知管理人员的工具，生产现场第一线的管理人员必须随时知道作业者和机器是否正常开动和作业。

信号灯的种类主要有异常信号灯、进度灯、运转指示灯、发音信号灯等。

① 异常信号灯。异常信号灯适用品质不良及作业异常等异常发生场合，多用于大型工厂的较长流水线。一般设置红黄两种信号灯，由员工控制。当发生零件用完、不良及机器故障等异常时，由员工按亮黄灯通知班组长前来处理，当发生停线等重大问题时，按亮红灯通知。红灯亮时，现场管理人员要停下手中的工作前往调查处理。

② 进度灯。进度灯多见于组装生产线（手动线或半自动线），各工序之间间隔为 1～2min 的场合，用于组装节拍的控制，保证产量。但是节拍间隔有几分钟的长度时，用于让作业者自己把握进度，防止延迟。进度灯一般分为 10 等份，对应作业步骤和顺序，标准化程度要求较高。

③ 运转指示灯。运转指示灯显示设备运转状态。显示机器设备的开动、运转、停止状况及停止原因。

④ 发音信号灯。发音信号灯适用于物料请求通知。当工序内物料用完时，该工序的信号灯亮起，扩音器通知搬送人员供应。异常被排除后，管理人员熄灭发音信号灯，继续正常生产。

7. 错误示范板（图 4-4）

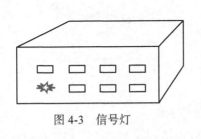

图 4-3　信号灯

图 4-4　错误示范板

现场中的不良信息有时用柏拉图将不良情况以数值的形式表现出来。若现场的员工仍然不太明白，这时就可将两者结合，把不良品直接展现出来。

具体表现形式有以下几种。

① 不良现象及其结果揭示表；

② 不良品的重点事项在改正前后的对照相片；

③被示范的错误动作以及和正确动作相比较的照片。

8. 错误防止板

错误防止板是自行注意并消除错误的自主管理板,通常以纵轴表示时间,横轴表示单位。

以一小时为单位,从后段工程接受不良品及错误的消息,作业本身再加上"〇""×""△"等符号。〇表示正常,×表示异常,△表示注意。持续进行一个月,将本月的情况和上个月作比较,以设立下个月的目标。错误防止板如图4-5所示。

9. 各种物流图

物流图是在一块板上形象地画出各种零件取送的数量、时间间隔、路线、目的地、工位器具种类及其存放地点和数量、运输车辆类别等,是生产现场与有关取、送单位相互间物流综合平衡后的标准规定,其作用是统一各方面的步调,避免生产现场发生物流混乱现象。物流图主要用于毛坯、半成品、协作品和成品等物品的集散地。

10. 地面标志

一般在厂房内外的地面通道两侧画出禁止逾越的黄色或白色通道线。对于产品和器具,也要在生产现场或库房指定摆放的位置线,如白色框线等。地面标志如图4-6所示。

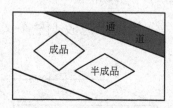

图4-5 错误防止板　　　　图4-6 地面标志

11. 安全生产用标牌与信号显示装置

在生产现场应悬挂张贴安全生产的标语牌,如"安全第一"等。在危险域区应安装警告性标志和标语。安全生产标牌如图4-7所示。

四、目视管理的实施方式

目视管理的实施方式主要有默契实施、结合5S活动推动、流程流向改善、放置场所规划、突发状况掌握、利用管理看板。常见的目视管理手段主要有标志线、标志牌、显示装置、信号灯、色彩标志以及指示书等。

目视管理的实施方式主要有以下几种。

① 强化默契实施。工厂管理应该由基层做起，当基础稳固，领导者应该明确方针，在全员理解、认可基础上，集结全员力量，建立全员参与体制。

图 4-7 安全生产标牌

② 5S 活动推动。实施 5S 活动，必须明确责任分担，在具体实施过程中，提高员工遵守既定规则的修养是非常重要的。

③ 放置场所规划。应该一边减少管理，一边明确物品放置场所，尽量减少库存，建立一体化生产体系。

④ 流程流向改善。进行流程系统再整备后，目视管理体制非常重要，因此必须扩大视野，井然有序地整理系统。

⑤ 突发状况掌握。对突发状况的定义和判断基准，应该进一步明确化，管理方法应更加具体，使人一目了然，同时根据不同要素、不同功能明确化，在对突发状况处理方法规则化、手册化的同时，应进行异常处理训练及努力培养人才。

⑥ 管理看板的制作。各现场就预定、实绩图表、作业管理看板等应建立适宜管理体制。

⑦ 创造气氛的教育。创造整体气氛非常重要，对于怎样推动目视管理，必须按功能设置不同的责任部门和责任者。一边用具体教材进行教育，一边实践目视管理。

五、目视管理的实施手段

在日常工作中，目视管理的应用实例随处可见。常见的目视管理办法（表 4-2）有标志线、标志牌、显示装置、信号灯、指示书以及色彩标志等。表 4-2 列举了区域划线、物品的形迹管理、安全库存量与最大库存量、仪表的正常异常标示等目视管理实例的实现办法以及产生的作用。

表 4-2 目视管理办法

实　例	实现的方法	产生的作用
区域划线	● 用油漆在地面上刷出线条； ● 用彩色胶带贴于地面上形成线条	● 划分通道和工作场所，保持通道畅通； ● 对工作区域划线，确定各区域功能； ● 防止物品随意移动或搬动后不能归位
物品的形迹管理	● 在物品放置处画上该物品的现状； ● 标出物品名称； ● 标出使用者或借出者； ● 必要时进行台账管理	● 明示物品放置的位置和数量； ● 物品取走后的状况一目了然； ● 防止需要时找不到工具的现象发生

续表

实 例	实现的方法	产生的作用
安全库存量与最大库存量	● 明示应该放置何种物品； ● 明示最大库存量和安全库存量； ● 明示物品数量不足时如何应对	● 防止过量采购； ● 防止断货，以免影响生产
仪表正、异常标示	● 在仪表指针的正常范围上标示为绿色，异常范围上标示为红色	● 使工作人员对于仪表的指针是否处于正常范围一目了然
5S 活动实施情况确认表	● 设置现场 5S 活动责任区； ● 设计表格内容：责任人姓名、5S 活动实施内容、实施方法、达到的要求、实施周期、实施情况记录	● 明确职责，明示该区域的 5S 活动责任人； ● 明确要求，明示日常实施内容和要求； ● 监督日常 5S 活动的实施情况

第二节　目视管理实施技巧

一、简单实用的目视管理方法

目视管理的方法很多，在每一个班组都能找到目视管理的体现。下面就是一些很常用的目视管理方法。

① 用小纸条挂在出风口，显示空调、抽风机是否在工作。
② 用色笔在螺钉螺母上做记号，确定固定的相对位置。
③ 关键部位给予强光照射，引起人员注意。
④ 以顺序数字表明检查点和进行步骤。
⑤ 选择用图片、照相片作为操作指导书，直观易懂。
⑥ 使用一些阴影、凹槽的工具放置盘，使各类工具、配件的放置方法相对应，方便操作。
⑦ 用"一口标准"的形式指示重点注意事项，悬挂于显要位置，便于员工正确作业。
⑧ 以图表的形式反映某些工作内容或进度状况，便于员工了解整体工作情况和跟进确认。
⑨ 设置"人员去向板"，方便安排和调整工作。

二、物料目视管理的实施方法

日常工作中,班组长需要对消耗品、物料、在制品、完成品等各种各样的物料进行合理有效管理。在生产实践中,经常出现以下问题。

① 同样的材料,由于存放混乱,没有遵守物料使用原则,如"先进先出"原则,造成浪费。

② 材料使用错误,造成产品报废,浪费资源,增加成本。

③ 遗漏工序。如员工在生产过程中没有按照工艺流程,无意或自作主张省略某道工序,造成质量事故。

④ 发货错误。如将甲品种当作乙品种发给客户,甚至将 A 客户的产品发给了 B 客户。

正确实施目视管理,可有效地根除上述事件的发生。

1. 规划放置区域,实行定置管理

对于原材料,可进行材料分区处理,每个区又根据材料型号的不同划分为若干个小区。区与区之间应有相应的通道和明显的分界线,容易混淆的原材料区应分开设置。

2. 做好醒目标识

每个标识牌的颜色要不一样,尽可能和材料的颜色相近。标识内容除材料名称、规格、进厂日期、数量等以外,还应有保存方法与要求的说明。

3. 调整材料位置

同一区域同一规格的材料要经常调整位置,让先进厂的材料摆放在最方便拿取的位置。

对于半成品和成品,要有明确的放置区域和明显的区域分界线。

在半成品区域内,同一种产品放置在同一区域内,工序相同的产品集中放在该区域的同一小区域内并设置清楚的工序记录卡,每板贴一张记录卡。

在成品区域,同一客户的产品放在一个小区并按品种分开,在进入成品区之前,要检查每板贴的工序记录卡是否记录完整,并按板的序列号依次摆放,做到摆放整齐、标识清楚明显、记录完整。

物料目视管理手法见表 4-3。

表 4-3 物料目视管理手法

序 号	手 法	要 点
1	分类标识及用颜色区分	明确物料的名称及用途
2	采用有颜色的区域线及标识加以区分	决定物料的放置场所,容易判断

续表

序号	手法	要点
3	让先进厂的材料摆放在最方便拿取的位置	物料的放置方法能保证顺利地进行先进先出
4	标识出最大在库线、安全在库线、下单线，明确一回下单数量	决定合理的数量，尽量只保管必要的最小数量，且要防止断货
5	在物料传票上标明物料的编号、品名、数量、下一道工序、存放位置编号等内容的传票	使用物料传票

三、设备目视管理的实施方法

正确使用和保养设备是保证产品质量的重要因素。设备的目视管理要做到"三化"，即"注意事项明显化、正确操作标准化、维护保养制度化"，从而塑造一个目视管理的环境。

1. 注意事项明显化

在生产设备的管理中，要正确使用目视管理的工具—管理看板，设置"设备保养计划日历"，以日历的形式预先制订好设备定期检查、定期加油及大修的日程，并按日历要求实施，实施完成后要做好实施记录和实施标记。日历内容要完整，至少要包括（但不限于）定期检查设备的名称、部位、润滑油的名称或性能要求、大修设备的名称和要求，各项工作的注意事项等。

2. 正确操作标准化

在设备操作方面，操作安全是非常重要的，在易出差错的地方，要有明显的安全标志。重要的操作规程要以看板的形式挂在机器旁边或工人休息室。做到日日提醒，时时注意。

另外对设备故障的处理同样要做到标准化，在设备台账中要对设备故障产生的原因、处理方法做好记录，一方面可为以后的设备保养、维修提供参考，另一方面可以在老维修人员离职后做到保留经验。

3. 维护保养制度化

设备的维护保养制度化，其实也是标准化的一种。将维护保养制度张贴在现场，特别是对于重要的设备管理，能起到很好的作用，时时提醒操作员工按照制度规程对设备进行维护保养。

设备目视管理手法见表4-4。

表 4-4　设备目视管理手法

序号	手　法	要　点
1	使用颜色别加油标贴，管道、阀门用不同颜色区别	清楚明了地表示出应该进行维持保养的部位
2	如在电动机、泵上使用温度感应标贴或温度感应油漆	能迅速发现发热异常
3	在旁边设置连通玻璃管、小飘带、小风车	是否正常供给、运转清楚明了
4	特别是驱动部分，下功夫使得容易"看见"	在各类盖板的极小化、透明化上下功夫
5	用颜色表示出范围（如：绿色表示正常范围，红色表示异常范围）	标识出计量仪器类的正常/异常范围、管理限界
6	揭示出应有周期、速度	设备是否按要求的性能、速度在运转

四、质量目视管理的实施方法

质量目视管理主要是 QC 工具看板和质量状况看板的运用，具体方法如下所示。

1. QC 工具看板

QC 工具看板是指针对典型的产品质量缺陷或因操作失误而造成的质量事故，运用 QC 工具看板展开分析讨论，并将结果整理在容易看到的地方，让员工明白质量缺陷产生的原因、预防措施、在工作过程中应注意的地方，以防止发生同样或类似的问题，而且员工随时可以提出新的建议并进行讨论修订。

运用 QC 工具看板进行管理时要注意几点。

① 对提出建议的参与者，不论建议最终是否被采纳，都要给予中肯的表扬，以提高员工参与工作的积极性，激发员工发现问题、提出问题、解决问题、防止问题发生的工作热情和潜能。

对于提出建议被采纳，改善了产品品质，取得一定成绩的员工要给予公开表彰和奖励，让参与者有成就感和自豪感。同时也可以调动其他员工的积极性。

② 要注意展示质量缺陷改进的全过程，让员工明白这种缺陷造成的原因，还有哪些原因会产生相同或类似缺陷，让员工学到解决的方法和技巧，提高员工解决问题、预防问题产生的技能。

③ 要设置产品缺陷改进记录本，将 QC 工具看板取得的成绩、解决质量问题的措施记录下来，作为以后制订质量文件和工艺文件的重要参考依据，同时也使之成为提高员工素质和企业技术水平的重要途径。

2. 质量状况看板

质量状况看板是错误防止板的一种，是指将产品分为优等品、正品、次品、废品四大类，或将缺陷分为严重缺陷、次要缺陷、无缺陷三大类，以这些指标为横坐标，以产品数量或百分比、评定系数等为纵坐标，将各班组或各车间的质量状况以图表的方式表现出来，必要时还要放置各类样品，把质量状况看板放在员工比较集中并容易看到的地方，使员工知道自己和其他班组的质量状况，明白彼此的差距，给员工营造一种竞争的氛围，制造一些有形或无形的压力，激励员工的竞争意识，这样有利于工作的开展。

质量目视管理手法见表 4-5。

表 4-5 质量目视管理手法

序号	手法	要点
1	合格品与不合格品分开放置，用颜色加以区分，类似品采用颜色区分	防止因"人的失误"导致的品质问题
2	重要的项目悬挂比较图或采用"标准指导书"的形式，形象说明其区别和要点	重要管理项目"一目了然"
3	采用上下限的样板判定方法，防止人为失误	能正确地进行判断

五、安全目视管理的实施方法

安全目视管理是要将危险的事、物予以"显露化"、刺激人的"视觉"，唤醒人们的安全意识，防止事故、灾难的发生。

1. 对消防紧急备用钥匙进行目视管理

① 将与消防安全相关的备用钥匙放置于一只带玻璃面罩的小箱中；
② 将小箱悬挂在显眼的位置；
③ 小箱上方设置一个应急处置指示牌；
④ 小箱是封闭式的，平时禁止动用箱内的钥匙，发生紧急情况时，可击碎玻璃面罩取出钥匙。

这样，就可以非常及时有序地做到火灾扑救和逃生，防止意外发生。

2. 对消防设施的操作步骤进行目视管理

消防设施的操作步骤的目视化管理非常重要，必须做到当遇有紧急情况，即使是从未用过设施的人员也能基本正常使用。

① 明示火警时启动消防设备所需的步骤；

② 明示每一步骤的操作位置；
③ 明示每一步骤的操作内容。

通过这些明示，可以使启动消防设施系统的操作标准化；避免紧急情况时因操作延误火灾扑救时间。

3. 安全目视管理手法

安全目视管理手法见表4-6。

表4-6　安全目视管理手法

序号	手　法	要　点
1	使用油漆或荧光色，刺激视觉	注意有高低、突起之处
2	设置在易触及的地方，且有醒目标识	设备的紧急停止按钮设置
3	设置凸面镜或"临时停止脚印"图案	注意车间、仓库的交叉处
4	法律的有关规定醒目地标示出来	危险物的保管、使用严格按照法律规定实施
5	用颜色表示出范围（如绿色表示正常范围，红色表示异常范围）	标识出计量仪器类的正常范围、异常范围、管理限界
6	揭示出应有的周期、速度	设备是否按要求的性能、速度在运转

第五章 现场看板管理

看板是管理可视化的一种表现形式，是对发现问题、解决问题的非常有效且直观的管理手段。

本章主要介绍班组现场布局看板、班组工作计划看板、班组生产线看板、班组品质现状看板、班组工作看板、班组人员动态看板的编制方法，同时对JIT生产方式进行详细介绍。

班组长作为班组看板管理责任人，要熟练掌握各种看板的使用方法。

第一节 看板的种类与编制

一、看板的种类

看板管理是通过运用各种形式，如标语、现况板、图表、电子屏等把文件上、脑子里或现场等隐藏的情报揭示出来，以便任何人都可以及时掌握管理现状和必要的情报，从而能够快速制订并实施应对措施。

1. 什么是看板管理

看板是发现问题、解决问题的非常有效且直观的手段。

（1）什么是看板

看板最早出现在丰田公司的生产管理中。简单地说，凡是能够用眼看而且用于显示生产管理活动信息的板状物都可以是看板，如车间宣传栏、光荣榜等。看板分两种，即传送看板和生产看板。

传送看板用于指挥零件在前后两道工序之间移动。当放置零件的容器从上一道工序的出口存放处运到下一道工序的入口存放处时，传送看板就附在容器上。当下一道工序开始使用其入口存放处容器中的零件时，传送看板就被取下，放在看板盒中。

看板上的信息通常包括零件号码、产品名称、制造编号、容器形式、容器容量、看板编号、移送地点和零件外观、生产时间、生产方式、生产线名等。

（2）什么是看板管理

看板管理是5S管理的一个基本手法。有人将看板管理视为目视管理的一部分，其实，这两者还是有区别的。目视管理是依据视觉意识化的具体管理方法；看板管理是揭示管理信息、知会众人的管理方法。

看板是现场进行目视管理的主要工具。看板管理是为增强信息交流和现场控制，在作业现场实施的管理方法，看板的内容应丰富多彩，有利于激励员工并做到信息交流；目视管理可以迅速、快捷传递信息，形象、直观地显现所存在的问题。

在班组推行现场看板管理，可充分做到"分工明确""事事有人管""人人到位""日清日毕",使每名员工对每天要干什么日程安排、生产进度安排、每项工作分工等情况一目了然。

2. 看板的种类

按看板在现场的使用途径和目的,看板可以分为现场看板及行政看板两大类,其下又可细分。看板的分类见表5-1。

表5-1 看板的分类

大 类	细 分	具 体 内 容
现场看板	管理看板	计划、现况、制度、工程、现场布局等看板
	标识看板	状态、标示、区域、标识、标记等看板
	宣传看板	宣传栏、宣传画、班组学习园地等看板
	安全看板	安全标示、安全警示、用电指示等
	专用看板	特别设置的专门用途的看板,如JIT生产用看板
行政看板	生活看板	洗手间标记、开水房标记、垃圾处理处等
	杂务看板	请随手关门、小心地滑等
	迎宾看板	欢迎看板等

二、班组现场布局看板的编制方法

1. 内容提要

现场布局看板安装在电梯口或车间入口,包括以下内容。
① 现场的地理位置图;
② 现场的总体布局,如车间、生产线的具体位置、内部主要通道及重要设备布局;
③ 必要时对各种图例和内容做出解释;
④ 标出观图者所处的位置。

2. 进行修改

如果现场情况已经做出改动,要及时在布局图上做出相应的标明,如变动较大,可将布局看板报废后重绘。

3. 绘出图形

现场布局看板样式如图5-1所示。

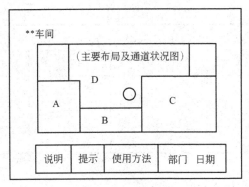

图 5-1 现场布局看板样式

三、班组工作计划看板的编制方法

1. 内容提要

工作计划看板一般张贴在车间主任办公场所或班组显要位置,如生产计划、班组生产计划、生产实绩、班组个人生产实绩、出货计划、出货实绩、作息时刻表、成品库存、每日考勤、培训计划等,主要包括以下内容。

① 一周生产计划现状、每日生产现状;
② 生产目标、实绩、与计划的差异及变化;
③ 用红色标出重点。

2. 绘出图表

工作计划看板样式见表 5-2。

表 5-2 工作计划看板样式

姓名	批号	批量	目标	1	2	3	4	合计	备注

续表

姓名	批号	批量	目标	1	2	3	4	合计	备注

四、班组生产线看板的编制方法

1. 内容提要

生产线看板多安装在生产线的头尾，主要包括以下内容。
① 生产进行现况、主要事项说明、通告；
② 生产计划与实绩，本日重点事项说明；
③ 内容与实际相符，不能粉饰。

2. 绘出图形

生产线看板样式如图5-2所示。

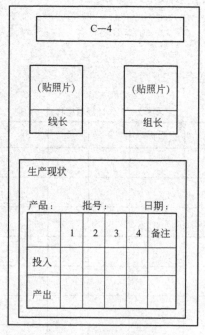

图5-2　生产线看板样式

五、班组品质现状看板的编制方法

1. 内容提要

品质现状看板张贴在车间的墙壁上,常见的品质现状看板有 QC 检查表、QA 检查表、工序诊断结果、重点工序控制图等,主要包括以下内容。
① 每月、周、日的车间或班组品质现状;
② 品质实际状况,包括不良率、直通率、合格率及达成率;
③ 各种 QC 图表。

2. 绘出图形

品质现状看板样式如图 5-3 所示。

图 5-3 品质现状看板样式

六、班组工作看板的编制方法

1. 内容提要

工作看板悬挂在生产现场或操作场所,主要包括以下内容。
① 指示规定的工作事项生产工序、流程;
② 标明工作配置状态指示规定的工作事项;
③ 展示过程中整理整顿的效果。

2. 绘出图形

工作看板的格式有很多种,如生产线上张贴的作业指导书、设备附近张贴的操作规程等。工作看板如图 5-4 所示。

七、班组人员动态看板的编制方法

1. 内容提要

班组人员动态看板应粘贴或悬挂在本车间或班组显眼处容易看得到的地方,

其内容就是标示管理人员、技术人员、班组人员的流动状态。

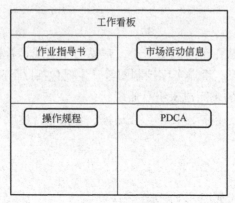

图 5-4　工作看板

2. 绘出图形

班组人员动态看板的样式如图 5-5 所示。

序号	姓名＼去向	在岗	出差	去 WC	实施支援	其他
1		●				
2					●	
3		●				
4		●				
5				●		
6						
7						
8						
9						
10						
11						
12						
13						
14						

图 5-5　班组人员动态看板样式

第二节 准时制与看板管理

一、JIT 生产方式与看板管理

1. JIT 生产方式

要明白什么是看板管理,首先要知道什么是 JIT 生产方式,而要知道什么是 JIT 生产方式,先要了解"推动式"与"拉动式"生产。

①"推动式"生产。由计划部门根据市场需求,计算出每种零部件的需要量和各生产阶段的生产提前期,确定每种零部件的投入出产计划,按计划发出生产和订货指令。每个生产阶段都按计划制造零部件,并将加工完的零部件送到后一道工序和下游车间,而不管后一道工序和下游车间当时是否需要。这种方式被称为"推动式生产"。"推动式生产"的主要特点是物料流和信息流是分离的。以 JIT 生产方式的视角看,"推动式"生产方式会产生很多重大浪费。

②"拉动式"生产。从结合市场需求出发,由市场需求信息拉动产品装配,再由产品装配拉动零部件加工。每一道工序、每个车间都向前一道工序、上游车间提出要求,发出工作指令,上游工序、车间完全按照这些指令进行生产作业。"拉动式"生产的主要特点是物料流和信息流结合在一起。

③ JIT 准时制生产方式。所谓 JIT(准时制生产方式),简单说就是将必要的原材料和零部件,以必要的数量和完美的质量,在必要的时间,送往必要的地点。生产系统如果运行在准时制生产方式的状态下,它的库存就会被减至最小的程度,因此 JIT 又被称为"零库存"管理。

JIT 生产方式的基本思想是"只在需要的时候,按需要的量,生产所需的产品",也就是追求一种无库存,或库存达到最小的生产系统模式。JIT 生产方式的基本思想是生产的计划和控制及库存的管理。

JIT 生产方式以准时生产为出发点,会首先暴露出企业在生产过量和其他方面的浪费,然后对设备、人员等进行淘汰、调整,以达到降低成本、简化计划和提高控制的目的。在生产现场控制技术方面,JIT 生产方式的基本原则是在正确的时间,生产正确数量的零件或产品,即准时生产。它将传统生产过程中前一道工序向后一道工序送货,改为后一道工序根据"看板"信息向前一道工序取货。看板系统是JIT生产现扬控制技术的核心,JIT生产方式也不仅仅是看板管理。JIT生产方式以订单为驱动,通过看板,采用拉动方式把供、产、销紧密地衔接起来,使物资储备,成本库存和在制品大为减少,使浪费降低到最小,提高了生产效率。

2. JIT生产方式的看板管理

JIT生产方式的看板管理是通过看板的运动或传递实现的。看板在生产流水线上的传递过程,是以总装配线为起点,在上下两道工序之间往返运动的。

JIT生产方式的看板管理的目的是要严格控制所有生产工序和在制品库、半成品库的在制品的流转数量,从而减少在制品储备,减少资本占有量,降低生产成本。

二、JIT看板的功能

JIT采用的看板管理工具就是JIT看板,看板只是实现JIT生产方式的一种途径。看板犹如巧妙连接各道工序的神经而发挥着重要作用,故而在这里专门对JIT看板的功能做详细介绍。

简言之JIT看板(以下均简称为看板)的功能有产量的调节功能和生产的改善功能。

看板是实现准时生产的工具。准时生产要求只在必要的时候,按必要的数量,生产必要的零件、部件、产品。在使用中要坚持下一道工序向上一道工序提取零部件,各道工序尽可能做到在必要的时候只生产一件、只传递一件、只储备一件,用最后装配工序来调节平衡全部生产的原则;发现问题必要时宁可最好是中断生产,采取措施,解决问题,决不积压储备。要做到看板同实物一起运动。下一道工序带着看板到上一道工序领货,上一道工序只根据看板的种类和数量要求进行生产,没有看板不运送、不制造,不合格的零件、毛坯不准挂看板。

① 生产以及运送的工作指令。看板中主要记载生产量、时间、方法、顺序以及运送量、运送时间、运送目的地、放置场所、搬运工具等信息,从装配工序逐次向前一道工序追溯,在装配线将所使用的零部件上所带的看板取下,以此再去前一道工序领取。"后一道工序领取"以及"适时适量生产"就是这样通过看板来实现的。

② 防止过量生产和过量运送。看板必须按照既定的运用规则来使用。其中一条规则是:"没有看板不能生产,也不能运送。"根据这条规则,看板数量减少,则生产量也相应减少。由于看板所表示的只是必要的量,因此通过看板的运用能

够做到可以自动防止过量生产以及适量运送。

③ 进行"目视管理"的工具。看板与在制品同时在一直存放,只要看看板标明的型号和数量,就可以一目了然地知道在制品的品种和数量。有的看板直接附着在工位器具上,一个工位器具就是一张看板,则更可以帮助这样更方便我们直观地和形象化地掌握在制品的储备状况。

④ 改善的工具。在 JIT 生产方式中,通过不断减少看板数量来减少在制品的中间储存。在一般情况下,如果在制品库存较高、即使设备出现故障、不良品数目增加,对后道工序的生产也不会产生影响,所以容易把这些问题掩盖起来。而且即使有人员过剩,也不易察觉。根据看板的运用规则之一"不能把不良品送往后一道工序",后一道工序所需得不到满足,就会造成全线停工,由此可立即使问题暴露,从而必须立即采取改善措施来解决问题。这样通过改善活动不仅使问题得到了解决。也使生产线的"体质"不断增强,生产率不断提高。

三、JIT 看板的使用原则

1. 领取必要数量零部件

后面的工序只有在必要时,才向前一道工序领取必要数量的零部件。为实行此原则,要求做到不见看板不发料;领料不得超过看板上的数量;看板必须跟着零件走。

2. 只生产足够数量的零件

前一道工序应该只生产足够的数量,以补充被后续工序领取的零件。为实行此原则,要求做到生产的零件数量不超过看板上的数量;当前一道工序生产多种零件时,必须按照看板送来的先后顺序安排生产,以防耽误后续工序中的零件加工,出现生产混乱。

在前两条原则下,生产系统自然结合为输送带式系统,使生产时间达到平衡。

3. 不良品不送往后工序

后工序没有库存,后工序一旦发现次品必须停止生产,找到此品送回前工序。

4. 看板的使用数量应该尽量减小

看板上的数量代表零件的最大库存量。

5. 使用看板应该适应小幅度需求变动

生产计划经常因市场的需求和生产的紧急状况而变更，所以看板使用的数量自然也会发生变动。

四、JIT 看板在班组实施的 8 个步骤

1. 工位器具送达

在取零部件时，工序取货人员将必要的工位器具送到前工序的储存处。

2. 领取零件

后工序的取货人员在储存处领取零件后，应做到立刻将原来挂在零件上的工位器具与生产看板取下，放到看板接收箱内。取件人员将带来的工位器具，放置在前工序指定的放置处。

3. 核对确定

取货人员每取下一张生产看板后，必须相对应地挂上一张取货看板。当这两种看板交换时，取货人员须小心核对，以确定取到的零件与要取的零件是同一种零件。

4. 开始生产

后工序在开始进行生产时，必须将取货看板取下，并将之放入取货看板放置箱内。

5. 收集生产看板

前工序在间隔一定时间或生产一定数量的零件后，必须将生产看板从看板箱内收集起来，并依据看板在储存处被取下的顺序，有序地放入生产看板放置箱内。

6. 生产依序进行

前工序在生产时必须依照生产看板放置箱内的顺序进行生产。

7. 取挂交换同时进行

零件加工和其生产看板的取挂交换必须同时进行。

8. 零件和生产看板同时存放

在零件加工完后，零件和生产看板必须同时放到指定的储存处，以便后工序

取货人员能在任何时候随时取到。

五、JIT 生产专用看板的编制方法

由于看板是实现 JIT 生产的工具，具有计划和调度指令的作用，又可以协调企业内部各道工序及协作厂之间的关系，起着实物凭证和核算根据的作用。因此在编制看板时一般要做到以下几方面。

1. 内容齐全

产品名称、型号、件号、件名、每台件数、生产的工序或机台、运送时间、运送地点、运送数量、放置位置、最低标准数量等都要写清楚。

2. 识别标记醒目

看板上所记载的各项内容应用不同的颜色标记清楚，背面号码容易看出。

3. 便于制作

生产流水线上用的看板数量很大，因此，设计看板时，必须要考虑到便于制作。

4. 便于保管

便于保管、处理、做到耐油、耐蚀，不容易破损。

5. 注意看板内容与实物相符

看板一般随实物传递，应注意采用便于与实物相适应的形式。

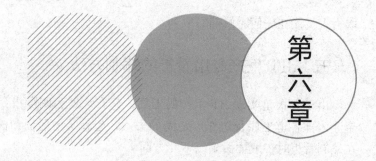

第六章 现场标准化维持与改善

改善是发现问题、调查原因并加以解决,形成更好的标准规范以持续不断地改进工作方法和人员效率。改善活动的根本目的是为了提高效率与降低成本。

本章主要介绍标准的维持与改进、班组现场作业标准的应用、标准作业的三要素与推进方式,现场改善的任务、基本原则、必备意识和三大内容,现场作业人为失误的改善、如何应用提案改善、如何运用3U MEMO 现场改善等各种班组现场改善的技巧。

现场改善不需要复杂的技术、烦琐的程序和昂贵的设备,只要透过全面质量管理、及时生产方式、可视化管理等,便能轻易解决组织积久相沿的弊病,获得高水平的质量和巨额利润,是一种低投入高产出的管理活动。

第一节 维持生产标准化

一、标准的维持与改进

成功的现场日常管理可以总结为一个观念——维持及改进标准。

每当现场出现差错时,班组长都应当找出问题的根源,及时采取行动予以补救,并且改变工作的程序以解决问题。即推行"标准化—执行—检查—行动"(SDCA)的循环工作程序。简而言之,SDCA 以标准化和稳定现有的程序为目的。

如果已经制订了现场标准,那么作业人员应依照这些标准行事,没有异常发生,此过程就可以顺利进行了。下一个步骤便是调整现状和提高标准至更高的水准,这就需要"计划—执行—检查—行动"(PDCA)的循环工作程序。简单来说,PDCA 以提高程序的水准为目的。

在这两个循环的最后一个阶段,行动是指工作的标准化和稳定化,因而标准化与每个人的工作密不可分。标准不仅是保证质量的最好方法,也是在工作上节省成本的最佳方式,PDCA 循环与 SDCA 循环如图 6-1 所示。

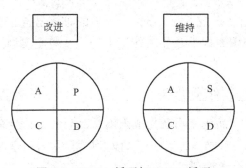

图 6-1 PDCA 循环与 SDCA 循环

只要这样的改善一进行,就可以建立一个崭新的及提高过的标准,接下来就是为稳定这个新程序做出努力,从而带动一个新的"维持"阶段。

二、班组现场作业标准的应用

1. 作业标准书悬挂在工作现场

将重要的作业标准书,如机台操作规范、加工工序作业指导书等加上塑胶护套后,直接悬挂在现场的工作台附近,可起到直接参照实施的效果。涂装检验作业标准书如图6-2所示。

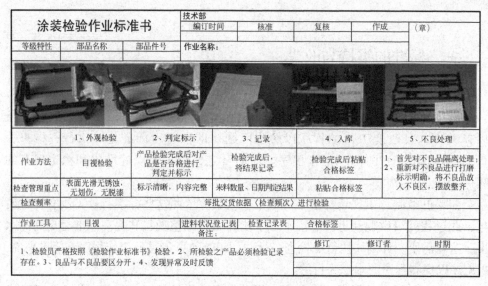

图6-2 涂装检验作业标准书

2. 班组现场的看板管理

将工作的重要指示及条件要求直接以看板的方式悬挂在现场的重要位置,让员工对工作中的各项重要标准及要求熟记于心,并遵照实施。看板管理对标准化的推动大有帮助。

3. 限度样品的制作及悬挂

有关检验标准及产品规格可制作成限度样品悬挂在需要的工作站位置,让员工能直接参照应用。限度样品的制作应针对形式、尺寸、颜色及外观不良限度等分别做成标示,并由质量管理单位确认。

三、标准作业的三要素与推进方式

标准作业是以人的动作为中心、以没有浪费的操作顺序有效地进行生产的作业方法。为了有效地进行生产，就要考虑到标准作业执行的各种条件，必须有效地组合材料、机器和人。这种组合的过程称为作业组合，这一组合汇总的结果就是标准作业。

1. 标准作业的三要素

标准作业由下面三个要素构成，缺一不可。

（1）节拍时间

节拍时间是制造一个产品的时间，这是由生产数量和工作时间决定的。

计算节拍时间，要用工作天数除以一个月的必需量，得出平均每天的必需量，然后用这个数字去除每天的工作时间。具体计算公式如下所示。

$$节拍时间 = 工作时间 / 每天的必需量$$

一旦确定了节拍时间，也就决定了在那段时间里每个人完成工作的作业量。

在这种情况下，工作速度、熟练度等标准，可以由班组长设定。因此，当新员工能用与组长相同的时间完成作业量的时候，就说明他可以独当一面了。

（2）作业顺序

作业顺序是指在作业人员加工产品时，从原材料向产品转变的过程，包括运输、制品以及在原材料上机、下机等，这是伴随着时间的流动而进行作业的顺序，不是指产品流动的顺序。

如果不明确作业顺序，每个人就会按照自己喜欢的顺序进行工作，那么即使是同一个人进行相同的作业，每次的顺序也会有所不同。

如果不遵守作业顺序，就会使忘记加工或有安装错误的产品流向下一道工序，造成设备破损、安装生产线停止等情况，甚至造成客户退货等。

另一方面，进行标准作业时，为了不出现浪费、不匀及不合理的现象，作业顺序又必须具体地、定量地仔细区分，以把握现状。比如，明确两只手的使用方法、脚的位置及投入工作的方法等，让作业人员理解这些规则，并将其标准化。制订标准的人必须能清晰地表达自己的意思，才能拥有一个安全的、快速的生产良好产品的作业顺序。

（3）标准存活量

标准存活量就是为了顺利进行作业，工序内必需的半成品，也包含安装在机器上的产品。

标准存活量，因机器机械配置的方法不同和作业顺序的方式不同而改变，但在推进作业的进程中，任何地方都没有半成品的作业是不成立的。

一般说来，即使是同样的机器配置，如果按加工工序的顺序进行作业，只有机器安装所需的东西就可以了，工序间不会有存活量；可是，如果按照推进工序的相反顺序进行作业，各个工序间有必要每制造一个产品就出现一个存活量（安装两个的时候就是每两个）。

标准存活量还包含这样的情况：因为品质核查的需要，在什么地方必须有几个半成品，或者不下降到一定的温度就不能完成后面的作业，或者为了把油用完还必须制作几个半成品。

在这样制订出的标准作业中，标准作业票被贴在作业现场易于看见的地方，成为新的作业人员开始进行作业时候的指导书。另外，熟练的作业人员已经习惯了那个作业，这也成为让他们不要进行标准以外作业的制动器。如果基于标准作业票进行作业时有不方便的地方，也就会引发以后的改善，从而制作出新的标准作业票和作业指导书。

另一方面，由于张贴了指导书和标准作业票，管理者对于作业人员是不是进行正确的作业，或者作业书中是否有欠缺就能一目了然了。

2. 标准作业的推进方式

（1）让作业人员彻底地遵守标准作业

不管标准作业完善得多好，作业人员如果不遵守，就没有通畅的作业流程；班组长就必须为解决突发事故，解决不良的作业而忙碌，并且会和很多无意义的工作联系在一起，降低了生产率。另外，为了让作业人员理解并遵守标准作业，首先班组长自身必须充分了解掌握标准作业，对作业人员进行深入、透彻的培训指导，直到其能够领悟。

班组长必须把遵守标准作业的理由说清楚，讲清如果不遵守标准的后果，让作业人员具有做出好产品的愿望，以及对待产品品质的责任感。对于不能遵守标准作业的，一定要追究不能遵守标准作业的原因，并且必须把标准作业改变为任何人都能简单地遵守的标准。

（2）检查标准作业实施后的结果

班组长很重要的职责是检查标准作业实施后的结果，对于异常状况，彻查原因，并寻找确切的处置办法及时进行处理。其结果，班组长就会明确标准作业自身不完备的地方，及时进行修正或向上级报告。班组长要把修正的内容、理由对全体员工彻底地进行公布。另外，班组长基于事实考虑问题、发表看法的态度也很重要。班组长要考虑作业者是否按照标准作业进行了作业、是否熟练掌握了标准作业的重点等事项。所以，班组长要不断地到作业地点巡查检验，必要时也可以在现场对作业的方法进行实地指导。

（3）应经常改善标准作业

标准作业是改善的基础。不能说"现在的标准作业是唯一的最好的标准作业,所以没有改善的余地"。标准作业一旦设定，并不是意味着没有更好的作业方法了，标准作业本来就是通过改善，层层积累而产生的，所以必须要经常改善，从而推进新标准的诞生。

第二节 现场改善基础知识

一、现场改善的三大终极任务

任务一：质量（Quality）

质量，不仅是指完成品或服务的质量，也是指完成这些产品和服务所必需的"过程的质量"。质量（Quality），可指定型的科学技术内在信息状态、品性、本质，也可指商品或服务的水平。在企业中只有助科学技术手段不断地提升内在的科技内涵，进行必要的信息化披露，才能通过质量标准的衡量和评测。影响品质的要素包括物品的可靠性、安全性、功能上是否完备，能否满足需求等。

任务二：成本（Cost）

成本是指设计、生产、销售及服务产品或"服务"的总体成本。

成本是商品经济的价值范畴，是商品价值的组成部分。人们要进行生产经营活动或达到一定的目的，就必须耗费一定的资源（人力、物力和财力），所费资源的货币表现及其对象化称为成本。随着商品经济的不断发展，成本概念的内涵和外延都处于不断地变化发展之中。

成本在经济学上指的是无可避免的最高代价。成本因选择而起，没有选择就没有成本。

生产某一产品所耗费的全部费用。成本就是某项具体投资项目的总花费。微观经济学上的成本是指为获取服务而付出的代价。人们的生活消费不叫成本。

任务三：交货期（Delivery Time）

交货期是指将客户所需产品的数量及时送达其手中。

交货期是指从订单下达日开始至交付日之间的时间长短。

交货期的公式：交货期＝行政作业时间＋原料采购时间＋生产制造时间＋运

送与物流时间＋验收和检查时间＋其他预留时间。

对交货期的控制和管理可以从交货期组成公式中寻求空间。

二、现场改善的 3 项基本原则

现场管理可以概括为维持标准和改进标准。

1. 开展 5S 活动

5S 是最基础的现场管理方式，是现场管理的基本常识和基本技能。同时 5S 是现场一切管理活动的基础，不是一种理论，而是一种实践。5S 活动的对象是现场的"环境"，它对生产现场环境全局进行综合考虑，并制订切实可行的计划与措施，从而达到规范化管理。5S 活动的核心和精髓是素养，如果没有职工队伍素养的相应提高，5S 活动就难以开展和坚持下去。具体内容包括整理、整顿、清扫、清洁、素养五个方面。

2. 消除浪费

（1）现场浪费的种类

① 过量生产的浪费：这是最严重的浪费，会造成安全错觉并掩盖现场存在的问题。

② 存货过多的浪费：会造成占用资金，增加费用，产生呆料和贬值危险。

③ 不良品返修和重工的浪费：严格来说设计变更也是一种返工。

④ 动作浪费：这要通过动作研究、时间研究、工具、夹具的制造来避免。

⑤ 等待浪费：原因在于生产不平衡、缺料以及机器故障。

⑥ 搬运浪费：原因在于流程设计不合理，现场规划不当。

⑦ 设计浪费：比如过多新科技、过分复杂、结构超过需求的功能。

⑧ 品质浪费：如品质的过分追求、超过实际和顾客的需要。

⑨ 才能和技术浪费：大材小用或闲置、新技术闲置等。

⑩ 时间和金钱浪费：服务业时间浪费就是顾客等待。

⑪ 资源浪费：日常水电气浪费、材料过度耗费、场地闲置。

（2）浪费的认定

① 最佳地方：现场。

② 最佳方式：仔细观察。

③ 最佳时间：异常发生之时。

④ 工作的顺利性和生产的流畅性被破坏或中断都是浪费。

⑤ 费力和不规律状态因浪费而起且是浪费的体现。

（3）浪费的消除

浪费的消除一般不须花费成本。

3. 实施标准化

作业人员在每日的例行工作上（称为"维持"），不是做对了工作，没有异常发生，就是遭遇了异常状况。这应该会引发两种现象：检查现行标准，或要建立一个新的标准。第一种管理状况，即是要维持及保留现行的标准。亦即当作业人员遵循标准工作，而且无异常发生时，此制度便是属于"控制状态之下"。一旦制度已在"控制状态之下"，下一个挑战就是去改进现有的水准。

如果企业要提高生产量，依照"改善"的精神，最佳的方式是要充分运用现有的资源，来配合这样的需求。为达此目标，作业人员必须改变做事的方法；现行的标准必须通过改善活动来提升水准。在此阶段，已基本完成了"维持"的阶段，朝"改善"的阶段发展。

一旦这样的改善开始进行，就可以建立一个崭新及提高过的标准，和稳定此一新程序的努力，而因此带动一个新的"维持"阶段。

三、现场改善的3大内容

1. 工作分配的改善

（1）做法

① 拟定作业表；

② 制订职务分配表；

③ 检讨职务分配；

④ 改善职务分配。

（2）工作安排与分配检讨的要诀

① 检验哪些工作所花费的时间最多。

对工作进行如下盘点。

a. 是否在最重要的业务上所花费的时间最多？

b. 是否对必要的工作花了适当的时间？

② 有否错误的人力配置？

a. 所有的职务对组织的任务来说，都是重要的。

b. 是否包括不必要或可在组织外部做的业务？

c. 是否各个作业对达成组织的目标和推行业务有效？

d. 是否把时间花费在不太重要的工作上？

③ 能否适用利用技能？

a. 是否具有特殊技能的部属，把大部分工作时间花费在杂务或其他不需要技能的工作上？

b. 是否有部属从事超出本身技能或未曾受训过的业务？

④ 是否有人在做与本身业务无关的工作？

a. 有没有都要插手管的部属？

b. 有没有指派工作态度热心的部属去做跟他本身无关的业务？

⑤ 业务是否过于细密化？

a. 是否把交给一个人就可以完成的业务分给许多人去做？

b. 是否存在太多人从事于同一业务而责任分不清的现象？

⑥ 工作分配是否平均？

a. 是否存在有的人所分配的工作太多，有的人却太少现象？

b. 是否大家的工作都能平均分配，并且能公平地分担业务？

2. 工作环境的改善

著名心理学家马斯洛认为：人的需求有五个层次，最低层次是温饱，依次是安全感、归属感、尊严感，最高层次是实现自我价值。人的需求层次越高，工作的快乐也越浓厚，企业也越容易营造一个快乐和谐的工作环境。

（1）企业工作环境的改善有助于企业经济效益的产生

① 在和谐快乐的工作环境下，员工们会更愿意为企业谏言献策，帮助企业谋求更大的发展。

② 在和谐快乐的工作环境下势必提高工作效率。

③ 在和谐快乐的工作环境下可以为企业树立良好的自身形象。

（2）环境改善的内容

① 清洁；

② 照明；

③ 通风；

④ 颜色；

⑤ 噪声；

⑥ 工作场所的整顿；

⑦ 工作桌椅；

⑧ 事故的防止；

⑨ 火灾的预防。

3. 工作方法的改善

（1）工作方法改善的内容

① 工厂布置与搬运。

② 物的移动分析。

③ 办公室布置与改善。

（2）工作分配

① 报表分析与改善。

② 事务流程分析与改善。

（3）制程设计与改善

① 程序研究。

② 工作程序分析。

③ 生产线设计。

（4）工作改善的选择与重点

若能对下列各点加以研究，一定能得到对工作改进的启示。

① 成本。对金钱、工作时间及使用机械最费成本的工作。

② 工作质量。未能达成所需质量标准的工作。

③ 工作量。通常为要达成任务的主要工作，它的工作量最多。

④ 浪费。浪费最多劳力、物料、时间的工作。

⑤ 持续性。这个工作会继续多久？只有几个星期、几个月或继续更长的时间？

⑥ 危险程度。曾发生过多次事故，具有危险性或易引发事故的工作。

⑦ 人数。许多员工所从事的工作。

⑧ 疲劳过度。对身心双方面，极易引发疲劳而需要多次休息时间的工作。

⑨ 熟练程度。对于需要熟练技巧的工作，则应使其简化以期能使低熟练技术员工适应。

⑩ 环境。尘埃、噪声、恶臭、气温等状态不佳并会令人感到不愉快的工作。

⑪ 进行程度。不能按照预定计划进行，有停滞，非加班不可的工作。

⑫ 频率。如某种操作在一作业工程内会出现几次，或这项工作在一年中会有几次等，其工作出现频率较高者。

（5）工作改善的顺序及要点

① 选择应该改进的工作优先顺序如下所示。

第一次：安全、质量、经济性。

第二次：频率、熟练程度、时间、疲劳度、容易程度等。

② 分析现行的办法有以下几种。

a. 用特性要因图，把问题细密化，以期能更接近原因。

b. 作业分析，流程分析，动作经济原则分析。

③ 检讨现行的办法，并想出改进方案。

a. 5W2H 思维方式的运用。

b. 征求工作执行人员的意见。

c. 要以创造力产生好主意。

④ 拟出提案。

a. 绘制新方法的工程分析图、作业流程图等。

b. 要顾虑到技术和人为方面的困难。

c. 根据新方法去评估能节省的程度。

d. 尽可能把时间、资材、机械、人力等换算为金钱。

⑤ 核准后，使用新方法。

a. 请示上级主管并获得批准。

b. 获得有关人员的充分了解（消除心理障碍）。

c. 肯定协助人员的功劳。

d. 对提案人员给予奖励。

四、现场改善的 3 大必备意识

要进行现场改善，首先必须有改善的意识，才能去观察现场，从而发现问题、改进绩效。

1. 三现：现场、现物、现实

"现场、现物、现实"的三现原则是现场管理的灵魂。三现原则要求现场管理人员，反对"经验、直觉、胆量"，提倡一切从实际出发。

① 现场意识：即亲临现场，把现场看作问题发生的根源。

② 现物意识：即接触现物，现场的问题有形有据，管理者应加以明确。

③ 现实意识：即面对现实，完全摒弃经验论和感觉论，工作中重视数据和事实。

2. 三及：及时、及早、及至

及时、及早、及至要求现场管理人员要有强烈的时间观念，出现问题应当第一时间到达现场，及时对应、及早预防、即刻处理。

（1）及时意识

明确改善时机，及时对进展反馈。

① 明确改善时机。

a. 用图表表示随时间的变动；

b. 明确的判定标准；

c. 发生异常马上对应；

d. 交接更换及时确认。

② 及时对进展反馈。
a．确定反馈的频率；
b．前期结果报告的时间；
c．反馈评价的标准。

（2）及早意识

事前作好预防。包括事前预测、人员训练、目视化管理等。

（3）及至意识

快速、准确无误。包括确定异常情报的获取；明了异常的处理方法；开展模拟训练等。

3. 问题、方法、协调

问题、方法、协调要求现场管理人员能够及时地发现问题，运用有效的处理方法，并和相关人员默契配合，解决问题。

第三节 现场改善实务性技巧

一、现场作业人为失误如何改善

人为失误是造成现场作业不良的主要因素，所以，班组长要着意改善人为失误对现场作业造成的不良因素。

1. 现场作业中的人为失误

在生产过程中，班组长应力图寻求按照最合理的生产方式来布置生产线，进行产品工艺分析，竭尽全力平衡和改善生产线中的各道工序流程，其中包括关注机器设备的摆放位置、操作人员的每一个动作等，使问题的发生概率最小化，提高产品的质量。但是，在现场作业过程中，造成现场作业不良的失误或事故总是无法完全避免的。

在现场生产过程中，所有的工序基本都与机器设备、技术工艺和人员的操作有关。因此，不可能一点问题都不出现。导致现场作业不良的因素有很多，主要来源于流程运作的过程、生产技术和作业人员三大方面。其中每一个方面都包含了多种具体因素。比如，流程运作方面可能包含了流程不顺畅和设备问题等。

但是，在各种不同的可能原因中，造成现场作业不良的主要因素是人为失误。由于人的一时疏忽或作业过程中的操作方法不当所造成的事故比例，比流程运作和基本技术所引发问题的比例要高得多。

在高科技企业，可以采用防错法来排除人为因素的影响，但是防错法需要企业投入大量的人力资源和资金来进行长期的研究，这对普通企业来说是很承受的。因此，越是从事传统产业的公司，由于人为因素造成的事故比例也越高。

2. 产生人为失误的原因分析

① 好的作业者和领导者未必就是好的教导者。

班组是企业的细胞，是生产现场的主体，也是员工进行生产劳动和开展日常活动的主要场所。绝大部分的班组长产生于现场作业的人员中。很多员工凭借认真负责的工作态度和出色的工作能力得到承认，从生产现场的操作人员开始，逐步被提升为班组长、车间主任、经理甚至副总经理。

但是，好的作业者和好的领导者不一定就是好的教导者。个人能力很强的班组长，不一定擅长教导他人。当新员工分配到生产线上时，现场的班组长有培训新员工的职责，如果缺乏教导能力，新员工必然很难迅速掌握工作技能和作业规范，就很容易发生人为失误。另外，现有人员学习新的知识，也需要有好的教导者加以及时、正确的引导。

② 新作业员的训练永远不足。当生产线来了新的作业人员时，事先需要得到足够的技能培训和教导。实际上，新的作业人员本身的训练不足，不可能经过足够多的培训后才加入生产线。任何人都有一个逐步学习、初步掌握技能的阶段，即使是生产经验非常丰富的人员，也有没有掌握的技巧。

如果在生产线上的作业人员数量不够，同时无法迅速找到熟练的作业人员，也只能将新手直接调进生产线，在工作的过程中逐步地不断学习。但是，新作业人员不可避免会发生人为失误，甚至可能会造成严重的质量问题，引发客户的不满。因此，在这一过程中，应尽最大可能地加强对新作业人员的教育指导，以避免引发不必要的问题。

③ 新技术转移困难。当新技术引入生产线时，其影响涉及的范围更广泛、更复杂。无论新老作业人员，都将面临对新方法的学习和使用。生产线上的所有人员都不能凭借以前的经验来确保自己一定能将产品做好。

新技术在转移过程中可能会有遗漏的地方。实际上，作为新技术的源头，工程设计部门也只擅长于制作样品，同样也缺乏批量生产的经验。因此，由于缺乏有效的教导，要实现新技术的成功转移并非易事。生产线的作业人员在毫无经验的情况下只能不断地逐步摸索，出现差错也自然是无法避免的事情。

3. 新人上岗培训的技巧——工作教导法

人为的失误往往是不可避免的。三项必然性的因素，导致人为失误会越来越高。虽然人为失误不能完全避免，但是可以通过合理有效的方法来尽最大可能降低人为失误的发生。这种方法就是工作教导法。

工作教导法是指采用相应的方式将知识和技能有成效地教授给其他人，以使其能很好地胜任某一项工作。在进行教导工作前，要用逻辑性的思维分析应采用何种动作、方法及措施来实施教导，以便能最大限度地帮助接受教导者做好工作。

工作教导法通常的做法是，先将工作单元进行分割后，确定所教授内容的先后次序，有选择地进行教导。系统化的工作教导法能起到非常良好的现场效果。

二、如何运用3U MEMO现场改善手法

3U就是IE工程中讲的三不原则，也就是不合理、不平衡、不经济，因为该三个词的英文字头为"U"，所以，很多欧美、港台企业喜欢称之为3U MEMO（改善备忘录）、日企称之为"三不原则"，即不合理（Unreasonable）、不平衡（Unbalanced）、不经济（Unthrifty）。

3U MEMO的概念出现，正是为了帮助班组长在发现生产现场的异常现象时，及时、有效地将问题记录下来进行分析、处理。

1. 3U MEMO的具体内容

3U MEMO改善备忘录需要记录的异常问题包括以下三大类。

① 不合理的现象。例如，将检验完毕的产品封装在包装盒中送到仓库。为了察看包装盒中的产品是否封装正确，又将封装打开。这显然是不合理的，需要记录下来进行改进。实际上，只需对部门产品包装进行抽样检查就行了。

② 不平衡的地方。例如，在生产线中往往有很多人过于繁忙，而有的人却闲得无事可做；有些设备非常紧张，而另有些设备却长期闲置。这些是属于资源分配不均匀的地方，需要及时地记录这些问题，寻找调试均匀的方法。

③ 不经济的环节。例如，目前的运作方式下固定的产生废料。材料送去冲料时，只有一个冲孔，但是预留的位置却很大，这部分材料应该加以充分利用。使用备忘录记录这些问题，请模具设计部门适时修改模具，就能节省下很多贵重的原材料。

3U MEMO 检查表见表 6-1。

表 6-1　3U MEMO 检查表

项目	作业者	机械设备	材料
不合理	● 作业人员是否太少； ● 人员的调配是否适当； ● 能否工作得更舒服一点； ● 姿势； ● 处理方法有否不合理之处	● 机械的能力是否良好； ● 机械的精度是否良好； ● 计测器的精度是否良好	● 材质、强度有否不合理处； ● 有否难以加工之处； ● 交货期是否有不合理处
不平衡	● 忙与闲的不均情形怎样； ● 工作量的不均情形怎样； ● 个人差异是否很大； ● 动作的联系是否顺利，有否相互等待的情形	● 工程的负荷是否均衡； ● 有否等待的时间及空闲时间； ● 生产线是否平衡，有否不均衡的情形	● 材质有否不均的现象； ● 有否发生歪曲的现象； ● 材料是否能充分供应； ● 尺寸、精度的误差是否在允许的范围内
不经济	● 有否等待的现象； ● 作业余暇是否太多； ● 有否浪费的移动； ● 工作的程序是否良好； ● 人员的配置是否适当	● 机械的转动状态如何； ● 机械的加工能力有否浪费之处； ● 有否进行自动化、省力化； ● 平均的转动率是否合适	● 废弃物是否能加以利用； ● 材料是否余很多； ● 修正的程度如何； ● 有否再度涂饰

2. 观察 3U MEMO 的技巧

班组长在使用改善备忘录记录异常时，必须要掌握一定的技巧才能容易发现问题所在。立足于客观的角度，抛开班组长的主观意识，通过不间断地、仔细地观察需要改善的作业流程，才能真正记录到最客观的现实。

异常情况记录下来后，就要立即或尽快地逐项考查，从中找出问题和产生问题的原因，寻找改善的方法。通常采用 5W1H 法对记录的内容进行分析研究。5W1H 分析表见表 6-2。

表 6-2　5W1H 分析表

5W1H	现状	为什么	改善
目的（Why）	干的目的	有无必要性	理由是否充分
对象（What）	干什么	为什么要做这个	能否干别的
地点（Where）	在何处干	为什么在此处干	能否换个更好的地点
时间（When）	在何时干	为什么在这时干	能否换个更好的时间

续表

5W1H	现　状	为什么	改　善
人员（Who）	由谁干	为什么由他干	能否换别人干更好
方法（How）	用什么办法干	为什么这样干	能否有更好的办法

实际运用时，可按表 6-2 进行。第一次分析，从六个方面分析现实的状况；第二次分析，从六个方面进一步问一个为什么；第三次分析，从六个方面考虑能否有更好的方案，能否有替代的办法。通过这样的分析，就能对问题进行深入分析，这样才能有针对性地解决问题。

3. 3U MEMO 的优先关注点

由于生产现场的特点存在着差异，可能出现问题的概率也有所不同。越容易出现问题的地方，3U MEMO 越要引起足够的重视。一般来说，3U MEMO 应优先关注的地方包括：人多的地方；人机配合的地方；人员闲置严重的地方。

4. 改善备忘录的填写

任何人都可以根据自己喜欢的风格来制订改善备忘录的格式，所使用的备忘录只需符合实际工作的需要即可。改善备忘录的一般格式如图 6-3 所示。

在实际的使用中，管理人员可以结合现场的实际情况，在内容和格式上做出相应的调整。

这种格式的改善备忘录包含了 17 项主要的内容。这些内容主要包括了文件编号、现场名称、发现问题点的时间、问题点的简要描述以及简单的改善方案和所需资金等情况。改善备忘录内容的填写内容见表 6-3。

三、班组现场改善的实施技巧

班组长要想掌握班组现场改善的实施技巧，就要把握现场改善的内容，掌握班组现场改善的基本方法。

1. 班组长现场改善应把握的内容

① 生产作业计划在执行过程中存在的与实际困难。
② 计划调整对人员、设备及其他方面的影响。
③ 人员出勤、异动的状况，员工精神状态、士气。
④ 员工的工作技能（能力、速度、程度）。
⑤ 缺料、设备故障等引起的停产时间。

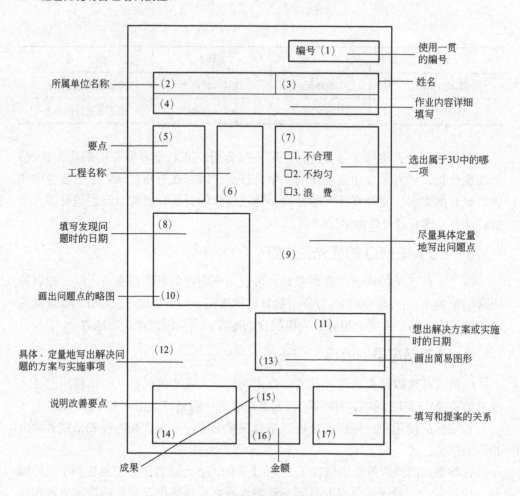

图 6-3 改善备忘录的一般格式

表 6-3 改善备忘录的填写内容表

序 号	内 容	填写说明
（1）	编号	按照班组长的个人习惯和企业的生产习惯编订文件的号码
（2）	所属单位名称	发生问题点的单位名称
（3）	姓名	问题点发现人和记录主管的姓名
（4）	作业内容	观察特定的运作流程，发现不合理的地方
（5）	工程要点	描述流程运作的情形，可以用拍照的方式记录下来
（6）	工程名称	出现问题的工程或者工序
（7）	3U 内容	将出现的问题点按照 3U 内容分类
（8）	日期	发现问题点的时间

续表

序号	内容	填写说明
（9）	问题点描述	按照5W1H的内容，具体描述问题点
（10）	问题点略图	简单画出问题点的图画
（11）	改善案提出时间	记录提出解决问题的具体方案的时间
（12）	改善方案内容	详细描述改善方案的内容和实施事项
（13）	简易图形	根据改善方案，画出简易图形
（14）	改善要点	提炼出改善方案的要点
（15）	成果	进行改善后的成果
（16）	金额	改善带来的资金影响
（17）	与提案的关系	填写部门与改善方案的关联性

⑥ 不良发生的原因及对策，不良品的善后处理。
⑦ 零部件、工装夹具、生产辅料是否足够齐全。
⑧ 生产是否正常；能否完成生产计划。
⑨ 工作方法是否合适，是否存在浪费，有无改善空间。

2. 班组长现场改善基本方法

① 确保各项信息资源迅速接受、传达、实施。
② 了解生产能力（单位时间产量）。
③ 注意员工的精神状态、情绪、工作表现。
④ 利用秒表等工具进行时间研究。

3. 班组长现场改善注意事项

① 如有异常，必须及时处理，并报告上级（制度化）。
② 通过示范、纠正、直接指导等方式来教育员工。
③ 对员工应明确说明这样做的原因及必要性。
④ 安排工作时要明确期限和目标，人员尽量精简。
⑤ 跟踪员工的工作进度，评价其工作结果并予以反馈。

第七章 现场物料管理

物料是工厂生产产品的第一道门槛，是生产工作的基本需要，物料管理是否到位，直接影响生产工作的正常进行。

本章主要介绍物料分类方法和成本控制方法，同时对发料作业、杜绝物料领用错误、如何办理退料补货、如何进行物料搬运作业、如何处理不良物料和如何进行辅助材料管理等实务性技巧进行了详细讲述。

班组长在作业现场要彻底了解物料现状，并加以严格控制，以确保生产的正常进行。

第一节 物料分类与成本管理

一、如何进行 ABC 分类管理

管理讲求效率，力求"事半功倍"。ABC 分类法是一种重点管理法，抓住重点就可以做到事半功倍。ABC 分类法简单易行，在管理中得到广泛的应用。

1. ABC 分类的标准

ABC 分类的标准一般为占用 65%～80% 的价值的 15%～20% 的物品划为 A 类；占用 15%～20% 的价值的 30%～40% 的物品划为 B 类；占用 5%～15% 的价值的 40%～55% 的物品划为 C 类。

2. ABC 分类法的实施

ABC 分类法，也可称为按价值分配法，具体做法是将每一种物资的年用量乘以单价，然后按价值从大到小排列而成。年用量可以根据历史资料或预测数据来确定。使用预测数据可以更好地反映现状，这也是使用最多的方法。

3. 物料的分类管理

在对物料进行 ABC 分类后，便应根据企业的经营策略对不同级别的物料进行不同的管理，以便有选择性地对生产进行控制，减轻库存管理的压力。

（1）A 类物料管理

A 类物资在品种数量上仅占 15% 左右，但如能管好它们，就等于管好了 70% 左右消耗金额的物资，这是至关重要的。

应从以下几个方面加强对 A 类物资的管理。

① 勤进货。最好买了就用，用完再买，库存量自然会降低，资金周转率自然会提高。

② 勤发料。每次发料量应适当控制。减少发料批量，可以降低二级库的库存量，也可以避免以领代耗的情况出现。当然，每次发料的批量，应满足工作上的方便与需要。

③ 与用户勤联系，了解需求的动向。企业要对自己的物资需求量进行分析核算，弄清楚哪些是日常需要，哪些是集中消耗。

④ 合理选择安全系数，降低安全库存量。

⑤ 与供货厂商密切联系。要提前了解合同执行情况，运输可能等。要协商各种紧急供货的互惠方法，包括经济上贴补的办法。

(2) C 类物料管理

C 类物资与 A 类物资相反，品种类别众多，而所占的消耗金额却很少。这么多品种，如果同 A 类物资那样一一加以认真管理，费力不小，经济效益却不大，就会显得小题大做，造成不必要的浪费。

C 类物资管理的原则恰好和 A 级相反，不应投入过多的管理力量，宁肯多储备一些，少报警，以便集中力量管理 A 类物资。由于所占消耗金额非常少，多储备，并不会增加多少占用金额。

至于多年来不发生消耗的物资，已不属于 C 类，而应视作积压物资。这部分库存，除其中某些品种因其特殊作用仍必须保留的以外，应该清仓处理，避免库存积压。

(3) B 类物料管理

B 类物资的状况处于 A 类、C 类之间，因此，其管理方法也介于 A 类、C 类物资的管理方法之间，可采用通常的方法管理或称常规方法管理。

二、如何进行物料成本控制

班组长是成本控制基础性工作的关键岗位，要协助生产经理和企业财务人员对成本进行控制，并实施更为先进的作业成本管理、目标成本管理。班组长在成本控制方面的工作主要有以下几个方面。

1. 加强员工成本意识

积极组织发动广大员工开展各种降低成本的活动，树立成本意识如"小指标竞赛"、降低成本的技术攻关活动等积极的活动，这是成本控制中带有根本性的基础工作。积极开展这方面的活动，成本控制才有坚实广泛的员工基础。

2. 相互配合，落实计划

调动班组员工对成本控制的积极性，配合生产主管工作。对生产主管分解到班组的成本计划所规定的各项经济指标切实落实。

3. 遵守费用审批制度

一切费用预算在开支前都要经过申请、批准手续后才能支付，包括原来计划规定的,同样要经过申请和批准。

4. 收集整理原始记录与数据

原始记录是成本与控制核算赖以进行的基础资料或第一手资料。如果没有真实、齐全的原始记录,企业成本与数据收集整理核算的工作就无法进行。生产主管应根据成本控制和成本核算的需要,结合其他管理要求,建立健全简便易行的原始记录制度。如企业对材料、燃料和动力、工时等的消耗,员工出勤,产品产量及入库,费用开支,产品质量检验等,都要制订相应格式的原始记录,并如实填写,及时传递,以便为成本核算和企业有关管理工作提供可靠信息资料。

5. 遵守材料物资的计量验收制度

材料物资的计量和验收,既是材料物资管理的基础工作,又为材料物资的计价提供基础数据。如果没有如实的验收和准确的计量,就不可能对产品成本中的材料费用进行正确核算。因此,每个单位都要建立健全材料物资的计量验收制度。如对材料物资的收发、领退,在产品、半成品的内部转移,产成品完工入库等,都要建立相应的计量和验收制度,确保生产顺利如实进行。

6. 积极推行定额管理

① 定额是在一定的生产技术和生产组织条件下,企业对生产经营活动中的各种耗费所制订的标准或应达到的要求。

② 定额管理制度是以定额为依据来安排计划、组织生产、控制消耗的一种科学管理制度。因此,建立健全定额管理制度,对编制成本(费用)计划,组织成本(费用)核算,进行成本控制和分析都具有非常重要的意义。

③ 工业企业的定额有劳动定额、材料消耗定额、燃料和动力消耗定额、设备利用定额、流动资金定额和各种费用定额等。每个单位都应根据目前已达到的水平,结合当前管理的水平,采用适当的方法,科学合理地制订各种定额。

④ 定额制订后,不但要加强对定额执行情况的核算、检查和分析工作;还应根据企业生产技术水平的变化和管理水平的提高,定期地修订定额。

三、如何减少现场物料浪费

物料的使用管理是班组物料管理的关键问题,因为物料利用的好坏、物料的浪费现象、物料的品质如何等只有在作业现场才能被彻底了解并加以控制。

1. 物料利用的情况

物料利用率直接反映物料的总体使用情况，可以通过对物料利用率大小的认知，对物料使用过程进行判断与分析。物料利用率越高，使用过程的合理性就越大；物料利用率越低，使用过程就越可能存在诸多问题。

物料利用率是一个数值，在物料的整个使用过程中是不断变化的，这个数值要通过最终的计算才能得到。在班组管理中，对物料利用率的了解通常需要通过作业状况评估来间接认识或进行使用抽查。

物料利用率可以从许多方面得到反映。

① 班组人员是否反映或抱怨材料定额偏低。
② 在作业现场是否有较多的报废品或报废材料。
③ 是否有明显偏多的加工碎屑或余料。
④ 材料耗用的比例是否与完成的零部件比例大致相同。

2. 物料的使用方法

物料的使用方法直接影响物料用量，不合理的动作、程序和手法，必然造成物料的超标准耗用。由于物料使用涉及的人员多、设备多、工具多、物料多，进行管理的工作量较大，所以一定要遵照正确的方法、途径进行。

班组长可向现场管理者提出以下问题：有没有既定的操作方法？操作方法是什么？有多少人知道这个方法？并可通过查看现行方法，查阅操作依据，进行对比分析来完成。

3. 控制物料浪费

浪费有两个含义，其一，所用多于所当用，即生产某种产品所使用的物料超过了应该使用的量；其二，所得少于所可得，即一定的物料投入没有达到应有的效果。

班组长通过对班组生产现场的不时检查，可以及时发现物料的无效耗用现象。

物料浪费现象在企业的生产过程中时有发生，比如：加工错误造成的物料损坏，一次性购进几个月用不完的包装材料，保管不当造成物料变质损坏，等等，都是不同形式的材料浪费。

物料浪费原因分析表见表 7-1。

表 7-1 物料浪费原因分析表

原　　因	现　　象
直接材料浪费	◇ 加大用量； ◇ 可以使用次一级质量材料的地方却用了高一级质量的材料；

续表

原　因	现　象
直接材料浪费	◇ 加工错误而改制或报废； ◇ 人为损坏； ◇ 丢失； ◇ 变质、过期
间接材料浪费	◇ 因焊接点增加带来的相关材料浪费； ◇ 连接点过多造成的连接浪费； ◇ 多余功能造成的材料浪费； ◇ 工序问题造成的材料浪费； ◇ 设备问题造成的材料浪费； ◇ 设计或操作不合理使边角料增大； ◇ 因材料规格不符或产品自身特点而使得材料综合利用难以实现； ◇ 既定材料缺乏，采用了替代性材料而造成的浪费
隐蔽的材料浪费	◇ 零散采购材料，使采购成本增加； ◇ 大量囤积暂时不用的材料，使资金积压； ◇ 材料规格与型号不合； ◇ 过多制造暂时不需要的零部件或产品； ◇ 统计不准，超量生产； ◇ 半成品周转过慢，材料不能及时变成产品，成为有价商品

四、怎样充分利用边角余料

边角余料是在产品生产加工过程中所产生的，不能为该产品所使用的较小的剩余材料。这些材料或者可以用在其他产品的生产上，或者可能毫无用途。作为班组长，不能将希望放在以后的回收利用上，而应该将工作重点放在如何使边角余料降到最少。

班组长应该对边角余料进行严格检查，对于数量过多、规格过大的边角余料应该立即查明原因，并进行解决。边角余料过大、过多的原因有两种。

① 人为因素。作业方法不正确、员工的责任心不强。

② 客观因素。技术水平的局限、大的边角余料有利于再利用、产品质量要求高、材料品质差、材料规格不合适、设备问题。

作为班组长，对这些原因应有所了解，自己能解决的尽量解决，不能解决的要尽快反映上去，向其他部门寻求解决办法。

第二节 物料作业管理

一、如何充分了解物料状况

1. 掌握物料到位状况

物料能否及时到位，直接影响到生产的正常进行，班组长要对此给予特别的关注。企业长期使用的材料一般都会有一定的库存，缺料的情况较少，不能按时到位的主要是以下的一些物料。

① 新产品所需的材料和配件。
② 进口材料和配件。
③ 定做的配件。
④ 特殊要求的材料和配件。
⑤ 采购计划限定数量的材料
⑥ 贵重的材料和配件。

班组长进行材料到位状况的管理，应该到生产现场去了解、去催促、去提醒，而不是看报表查计划。正在生产的产品有哪些物料未到，即将生产的产品所需的物料是否已经到位或能否按时到位，这些均应在问题出现以前解决，以确保生产的顺利进行。

2. 掌握物料品质状况

企业所采购的物料，尽管经过了入库检查，但要在使用过程中才能确认是否真正达到了要求。有些物料表面看是好的，但里面已经变质；同批采购的物料，有时内外品质不一；因抽检缺少代表性而出现较大偏差，问题物料的数量较多；储存过程中物料变质等，都是进行班组物料品质监控时所要了解的。

具体可从以下几方面入手。

① 物料是否内外品质不一。
② 物料的各个部位、各个侧面是否品质一致。

③ 物料品质是否与入库检验时一致。
④ 物料有无人为或自然损坏。
⑤ 物料品质是否与产品所要求的品质一致。
⑥ 该等品质的物料，是否在加工时增加了工作量，造成工时的浪费而使总制造费用上升。
⑦ 该等品质的物料是否利用率下降而使得总材料成本上升。
⑧ 该等品质的物料是否能实现产品的使用功能。

3. 掌握物料的挪用及替代状况

当生产过程中所需要的物料无法及时供应或停止供应时，就会出现物料的挪用及替代。

（1）物料的挪用

物料的挪用是将生产某产品的物料，或者说是该产品的计划物料，用于其他产品的生产，这就是物料的挪用。挪用中使用的物料是相同的物料，替代所使用的是不同的物料。

（2）物料的替代

物料替代时要考虑以下问题。

① 所选用替代物料的品质与所需物料有何不同。如果品质比原来的物料差，会不会影响产品的品质；如果品质比原来的物料好，会不会造成产品的成本上升，进而降低了利润。

② 有没有替代的必要性。如果存在以下的问题，那么就要问一下有没有替代的必要。

a. 该产品是否可以停止生产。
b. 是否可以等待物料到位后再生产。
c. 是否应该考虑重新进行产品设计以避免使用该类物料。
d. 是否可考虑由客户提供物料。

③ 替代后会不会对其他产品造成影响。如果替代物料是从厂外购进的，就不会有问题，但如果是厂内生产其他产品所用的物料被拿来替代，就要考虑会不会对该产品的生产带来影响，从而造成恶性循环。

④ 替代物料规格的影响。替代物料的规格如果和原来的物料相差甚远，有可能会降低利用率。

4. 检查新物料的使用情况

新物料投入使用后，品质如何、利用率怎样、是否适合加工制作，这些都应该纳入巡视的内容。

进行新物料使用情况的检查，应注意了解以下问题。
① 新物料的性能是否稳定、是否适合产品生产的需要。
② 新物料的利用率如何，成本在什么范围内。
③ 新物料的供应情况怎么样。
④ 新物料是否是最佳的选择，还有没有更好的物料可以使用。

二、如何进行发料作业

发料作业是物料管理部门的一项重要工作，生产车间及班组是发料的接收单位，因此，班组对于企业的发料制度应该有充分的认识。

1. 领料

① 使用部门领用物料时，由领用经办人员开立"领料单"经主管核签后，向仓库办理领料。
② 领用工具类物料（明细由企业自行制订）时，领用保管人应拿"工具保管记录卡"到仓库办理领用保管手续。
③ 进厂物料检验中，如因急用而需领料时，其"领料单"应经主管核签，并于单据注明，方可领用。

2. 发料

由生产管理部门开立的发料单经主管核签后，转送仓库依工作指令及发料日期备料，并送至现场点交签收。

3. 物料的转移

凡经常使用或体积较大须存于使用单位的物料，由使用单位填制"材料移转单"向资料库办理移转，并于每日下班前依实际用量填制"领料单"，经主管核签后送材料库冲转出账。

4. 退料

① 使用单位对于领用的物料，在使用时遇有物料品质异常，用料变更或有余时，使用单位应注记于"退料单"内，再连同料品缴回仓库。
② 物料品质异常又想退料时，应先将退料品及"退料单"送质量管理单位检验，并将检验结果注记于"退料单"内，再连同物料缴回仓库。
③ 对于使用单位退回的物料，仓库人员应依照检验其退回原因，研判处理对策，如原因系由于供应商所造成者，应立即与采购人员协调供应商处理。

三、如何杜绝物料领用错误

在班组生产现场活动中,物料的申领作业一定要做好。在班组生产现场的管理活动中,要想做好物料的领用,必须做到以下几个步骤。

① 填写"物料申请表"。
② 上级单位盖章确认。
③ 将"物料申请表"送往仓库。
④ 在"材料管理表"上签名留底。
⑤ 领取物料。

领用手续虽不能忽略,但可以简化,具体方法如下所述。

1. 物料领用、批准途径及责任人

物料的使用途径若不明确,上级单位则不明确是否由他(她)批准或能批多少数量。结果往往又得向更高一级请示,进而浪费时间,影响生产进度。

班组人员在领用物料时一定要遵循领料手续,并主要关注以下几点。

① 需要申领的物料名称。
② 物料申领步骤及需要填写的表格。
③ 不同职务的权限范围,主要是指可审批的对象及数量(金额)。
④ 审批的时限。
⑤ 领取方法。
⑥ 申领者及管理责任者各自数量的管理方法。

2. 正确填写申领表格,报请上级批准

使用部门或人员领用物料时应将领用表格填写清楚,而批准者只要见到申领表手续齐全,应立即给予办理。申领表需要存档一段时间,以便在日后确认和平衡数据。

四、如何办理退料补货

班组生产现场人员如果发现所领物料的规格不符或品质不良时,应及时有效地进行退料补货,以免妨碍生产进度。

退料补货往往要涉及几个部门的工作,如货仓部须负责退料的清点与入库,质量管理部负责退料的品质检验,生产部负责物料退货与补料等,所以制订一份物料退料补货的控制程序是很有必要的。

以下是退料补货所涉及相关部门及具体事项,班组长可从中了解基本的步骤和流程。

①退料汇总。生产部门将不良物料分类汇总后，填写"退料单"送至品管部IQC组。

②品管鉴定。品管检验后，将不良品分为报废品、不良品与良品三类，并在"退料单"上注明数量。对于规格不符的物料、超发物料、呆料及退料，退料人员在"退料单"上备注不必经过品管直接退到货仓。

③退货。生产部门将分好类的物料送至货仓，货仓管理人员根据"退料单"上所注明的分类数量，经清点无误后，分别收入不同的仓库，并挂上相应的"物料卡"。

④补货。因退料而需补货时，需开"补料单"，退料后办理补货手续。

⑤账目记录。货仓管理员及时将各种单据凭证入账。

⑥表单的保存与分发。货仓管理员将当天的单据分类归档或集中分送到相关部门。

五、如何进行物料搬运作业

如何使物料、半成品、成品在厂房内快速流动，不积压，除了生产计划与控制的完善，更重要的是做好物料流动的调配工作。

1. 搬运的方法

（1）人工搬运

全部使用人力，不借用其他方法，此种做法既不安全，又不经济，更浪费体力及时间，在一般情况下应避免。

（2）工具搬运

如推车，栈板加油压拖板车，不仅提高工作效率，而且也使厂房整齐、清洁，提升了工作士气。

（3）机械搬运

①物料或产品体积大。

②搬运距离长。

③流动的方法固定。

在不同的情况可选择不同的机械方法来搬运，如长车、叉车、输送带、升降机等。

2. 搬运装具

①纸箱。厂外供应的物料、零件通常使用不同规格的纸箱，由于纸箱的大小、颜色不一、使用困难，使用完后，一般情况下应予废弃，不再重复使用。

完成品的包装通常使用纸箱，纸箱应尽量标准化，但外箱尽可能减少规格种类，减少管理及仓储困难，成品使用外箱后，尽可能配合栈板来移动。

② 塑料容器。半成品在制程流动中，应做好装具设计，最常见的是使用塑料箱，塑料箱可以使用不同的颜色来区别半成品的状况，如蓝色代表正常良品，黄色代表待整修品，红色代表待报废品，每种塑料容器的容量应尽可能标准化，并依规定位置存放、相当方便于管理。

3. 搬运注意事项

① 尽量使用工具搬运。
② 减少搬运次数或取消搬运。
③ 缩短物料搬运距离。
④ 通道不可有障碍物。
⑤ 注意人身及产品安全。
⑥ 物料、半成品、产品应有明确的产品及途程标识，不可因搬运而混乱。
⑦ 物料及时流转，减少在制品的数量。
⑧ 逆向搬运最小化，保证合理利用空间和过道。
⑨ 缩短运输时间，使停工待料时间最小化。
⑩ 保证产品质量，减少搬运过程中的磕碰、损失和变质情况的发生。

六、如何处理不良物料

1. 区分不良程度

发生物料不良时，要根据重要程度划分缺点等级。不良物料的分类等级见表 7-2。

表 7-2　不良物料的分类等级

缺点等级	严重程度	判　定　标　准
A 缺点	致命缺点	● 有可能导致人身不安全状况的缺点。 ● 使产品机能完全丧失无法使用的缺点
B 缺点	重缺点	● 由于性能不合格会降低产品的实用性，导致难以完成初期目标的缺点。 ● 在使用时需改造和交换部件等导致多余麻烦的缺点。 ● 在使用初期尽管没有大的障碍，但能导致缩短产品使用寿命的缺点
C 缺点	轻缺点	● 几乎不会对产品的实用性或有效使用、操作等带来影响的缺点

2. 不良的处理

① 不良相关信息的收集、保存。不良不论是批量发生还是个别发生，都尽量要保存样品，样品的直观性，如一些脏污、划伤、异常音等，更容易对其后果和影响进行判定。

② 不合格品的区分。将不合格品做标识，隔离存放。

③ 不合格品的处理。不合格品的处理方法一般有四种，不合格品的处理流程如图7-1所示。

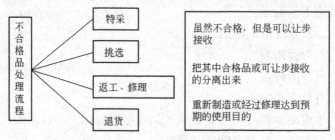

图7-1 不合格品的处理流程

④ 不良品的再次确认。除了特别采用的零件外，其他经过挑选、返工、修理等处理后的可用品，都必须经过再次检验，确保达标后才能入库或者投入使用。

⑤ 纠正处理。为了防止发现的不良（问题点）再次发生，要向引起问题点发生（主要原因）的部门发出《不良纠正表》，并确认对策或改善措施的四个方面：

对策是否与质量问题的严重程度相适应；

对策的可行性；

是否得到了切实实施；

评价对策的有效性。

七、如何进行辅助材料管理

1. 哪些是辅助材料

辅助材料又称为副料或者副资材，是指间接用于生产制造，在生产制造中起到辅助作用，但不构成产品主要整体的各种材料的总称，如油脂、胶水、手套、封箱胶纸等。

对于零部件，每台用量多少很清楚，但是辅助材料有哪些，用量多少却没有几个人清楚。其实辅助材料在生产过程中也很重要，一旦短缺或者变质，就会引起不必要的麻烦。班组长作为现场最直接的管理人员，该怎样管理辅助材料呢？

2. 辅助材料的存量控制

辅助材料因为大多数都能从市面直接采购，方便又快捷，所以不必要大量库存，以免增加管理负担。但是，一些比较专门特殊的材料，需要进口或者从特殊渠道采购的，如设备专用油脂、无水乙醇等，则需要根据使用量和采购周期设定安全库存，以防止短缺。

不管辅助材料是否有专人管理，都要通过台账明确记录辅助材料的名称、型号、供应商（名称、地址、电话）、使用量、采购周期、最低库存等相应内容，以便管理和日后追踪。

3. 辅助材料的库存管理

① 安全库存警示。因为辅助材料的应用范围比较广泛，发生短缺往往会影响生产，所以很有必要设定安全库存警戒线，以便对快空缺的物料一目了然，从而通知管理者订购。库存警示的方法有很多，如警戒线、提醒牌、报警装置等，可根据实际情况确定。

② 合适的存放方法和场所。根据物料的不同特性选择不同的存放方法和场所，如易燃易爆品存放在专门仓库；纸张类要在干燥的环境里存放；试剂溶液有的要存放于阴暗的低温环境中等。

③ 确定保管期限。购买部门图一时省事，往往喜欢大量订购辅助材料。有的辅助材料（如胶水、密封圈等）时间一长就会变质，用在产品上往往引起质量问题，所以对于某些辅助材料也要与零部件一样管理，控制库存时间。

4. 辅助材料的使用管理

① 使用量控制。要想管理好辅助材料，首先一定要清楚辅助材料的使用量。哪些产品在用这类材料，台用量是多少，月用量是多少，这些一定要清楚明了，并尽量反映在台账中。

② 厉行节约。即使是辅助材料，也不能毫无节制地滥用。可以根据用量定额定量地发放或者采用以旧换新的方法，防止浪费；对于一些影响环境保护的物料（如电池、氰化物容器），还要做好回收工作。

③ 简化领用手续。严格管理辅助材料，防止浪费是应该的，但是不能影响工作的顺利进行。有时候繁琐的手续不仅耽误生产，还增加了管理成本，对企业的发展只有负面作用。因此，不妨采用"柜台"或者"送货上门"的方式，做到"管理"与"方便"双赢。

第八章 现场设备管理

生产设备是生产力的重要组成部分和基本要素之一，设备管理是提高经济效益的基础，是企业产量、质量、效率和交货期的保证。

本章首先介绍了班组设备管理的内容、管理规程、台账建立、设备日常保养等班组设备管理基础工作，其次介绍了生产工具仪器设备的管理方法，最后对 TPM 活动进行了详细介绍。

企业管理的目的是保证生产设备的正常运行，也是保证生产经营的正常进行，班组长作为现场管理人员，要了解设备管理的各个环节，并且保证生产的顺利进行和设备安全运行。

第一节 班组设备管理

一、班组设备管理的内容

1. 班组生产中的常用设备

设备是为保证正常生产所配置的技术装备,仪器,仪表、试验、检测及控制设施等可供长期使用的劳动资料和物质资料的总称。

班组生产中要使用的设备主要包括以下五类。

① 设备:如机床、打包机、自动插件机等。

② 计测器:用作品质判定的测量用具。

③ 工装夹具:多由企业自行设计制作,是为了提高效率、保证品质,在组装、加工或测量时用来定位或者判定用的辅助器具。

④ 工具:如电钻、扳手等。

⑤ 样板或样品:指用来做观感判定(颜色、外观)、实物判定(尺寸、形状)用的物品,是测量的另一种形式。

2. 班组设备维护的主要内容

设备管理就是指对所使用的设备,从正式移交生产现场投入生产开始到设备的操作、运行、维护、保养,直至报废或调出为止的全过程所进行的一系列组织管理工作。

班组设备维护的主要工作内容是使用、点检及维护保养。

班组设备维护工作是设备管理组织形式的主要组成部分,是组织班内每个操作工搞好设备维护保养,合理操作,正确使用的有效保证。其主要内容如下。

① 制订班组设备维护工作目标。

② 建立完整的班组设备维护项目(包括班组台账、原始凭证及信息传递等)。

③ 组织并指导员工做好班组内设备的日常维护保养、日常点检、清扫、加油及紧固等工作。

④ 做好检查工作,认真填写班组设备巡检记录。

⑤ 参与设备运行中的故障处理。

⑥ 建立岗位经济责任制的考核与评比制度，并严格组织实施，逐步提高班组的设备管理水平。

⑦ 根据设备的性能和完好状态安排生产，调整任务和负荷量。

⑧ 根据操作规程对员工的操作行为进行检查和监督。

⑨ 为设备创造良好的工作环境，对设备指派有关人员进行监管和维修，并准备随时做出决断。

⑩ 经常进行爱护机器设备的宣传和教育，使员工能自觉爱护和正确使用设备，严格执行有关制度，养成良好的工作习惯。

二、设备操作规程

设备管理规程包括设备操作规程、设备使用规程、设备维护规程等。班组长应该了解这些规程，并按规程检查和监督员工的作业情况。

设备操作规程是指对操作人员正确操作设备的有关规定和程序。各类设备的结构不同，操作设备的要求也会有所不同，编制设备操作规程时，应该以制造厂提供的设备说明书的内容要求为主要依据。

设备操作规程主要内容包括以下几方面。

① 设备的主要性能、规格、允许最大负荷。

② 正确操作方法、操作步骤和操作要领，如启动和停车操作顺序及注意事项等。

③ 保证设备与人身安全，制订对可能出现紧急情况的处理方法和步骤。

④ 设备清扫、润滑和检查设备是否运行正常的方法和要求。

三、设备使用规程

设备使用规程是对操作人员使用设备的有关要求和规定。例如，操作人员必须经过设备操作基本功的培训，并经过考试合格，发给操作证，凭证操作；不准超负荷使用设备；遵守设备交接班制度等。由于班组的生产很多实行轮班制，按设备交接班制度做好交接班工作非常重要。设备交接班记录见表8-1。

表8-1 设备交接班记录

清扫、润滑情况	机床各部位	冷却液	油毡	周围场地是否清洁	是否缺油	油孔是否堵塞

使用情况	传动机构是否正常	轮轴、轴承是否有损坏	零部件有无损坏	电机温度、声音是否正常	附件、工具是否齐全	电器运转是否正常
生产上需交付事宜						
其他						
时间及交接班人	年 月 日		交班人：		接班人：	

设备维护保养规程的内容包括以下几方面。
① 设备构造简图和主要技术要求。
② 设备润滑部位、油质标准和润滑"五定"制订。
③ 主要运行部位的运和参数、调整范围，如温度、速度、精度、压力、各部位允许许间隙等。
④ 常见故障及其排除方法。
⑤ 由日常点检、巡检、一级保养、二级保养、三级保养等组成的维护保养制度。

四、设备维护规程

设备维护规程是指为保证设备正常运转而必须采取的措施和注意事项。例如，操作人员上班时要对设备进行检查和加油，下班时要清扫设备，按润滑图表要求进行润滑等，维护人员要执行设备巡回检查，定期维护和调整等。
下面是一家企业的"数控车床操作维护规程"，仅供参考。

数控车床操作维护规程

1. 操作者必须熟悉机床使用说明书和机床的一般性能、结构，严禁超性能使用。
2. 开机前应按设备点检卡的规定检查机床各部分是否完整、正常，机床的安全防护装置是否牢靠。
3. 按润滑图表的规定加油，检查油标、油量、油质及油路是否正常，保持润滑系统清洁，油箱、油眼不得敞开。
4. 操作者必须严格按照数控车床操作步骤操作机床，未经操作者同意，其他人员不得私自开动。

5. 按动各按键时用力应适度,不得用力拍打键盘、按键和显示屏。
6. 严禁敲打中心架、顶尖、刀架、导轨。
7. 机床发生故障或不正常现象时,应立即停车检查、排除。
8. 操作者离开机床、变换速度、更换刀具、测量尺寸、调整工件时,都应停车。
9. 工作完毕后,应使机床各部处于原始状态,并切断电源。
10. 妥善保管机床附件,保持机床整洁、完好。
11. 做好机床清扫工作,保持清洁,认真执行交接班手续,填好交接班记录。

设备检修规程的内容包括以下几方面。
① 设备小、中、大修理检修周期。
② 设备小、中、大修理检修项目、内容。
③ 重要设备状态维修内容、方法和要求。
④ 检修质量标准。

五、如何建立设备台账

设备台账是掌握企业设备资产状况,反映企业各种类型设备的拥有量、设备分布及其变动情况的主要依据。设备台账一般有两种编排型式:一种是设备分类编号台账,按类组代号分页,按资产编号顺序排列,便于新增设备的资产编号和分类分型号统计;另一种是按照车间、班组顺序使用单位的设备台账,这种形势便于生产维修计划管理及年终设备资产清点。以上两种不同的设备台账汇总,构成企业设备总台账。

台账的内容有:设备名称、型号规格、购入日期、使用年限、折旧年限、资产编号、使用部门使用状况等,以表格的形式做出来,每年都需要更新和盘点。

做维修台账是为了以后便于查询同样的故障处理方式,最重要的是如果企业要年审,审核人要看的是看维修状况、处理方式等。维修台账的基本内容是:设备名称,编号,使用部门,故障原因,处理方法,更换的备件名称等。

建立设备管理台账,首先设计好表格,每台设备用一张表,填入设备的相关信息,包括设备的编号、规格型号、生产厂家、购买日期、原值、折旧值、放置地点、保管部门、使用年限等。这些信息在设备档案中都有,记录在设备台账中可方便查阅和管理。设备台账样式如图8-1所示。

设备台账									
序号	设备名称	规格型号	使用单位	台数	主要技术参数	设备来源	安装启用日期	配套电机功率	编号

图 8-1　设备台账样式

六、如何进行设备日常保养

1. 责任者看板和日常保养检查看板

一般设备的保养依保养程度的不同分成三级，而最基础级的日常保养，都是由现场的作业人员来负责的。

作业人员有没有做好设备的日常保养，以及每台设备的日常保养应该由谁负责，如果班组长不能有效地掌握这些情况，就无法监控好日常保养，而且，日常保养如果做得不彻底，对产品质量以及设备的使用寿命都会产生负面影响。而让现场的作业者重视这种日常保养的工作的最佳方法则是目视管理。

① 责任者看板。将设备保养者的姓名，张贴在设备上易于看到的地方，让大家能很容易地知道，谁是这台设备的"保姆"。一般人基于面子的考虑，会比较重视所管辖设备的日常保养。

② 日常保养检查看板。这个看板分成两个部分，一部分是"日常保养检查表"，通过这张表了解该员工有没有执行日常保养的工作；另一部分是保养部位及方式说明书，这部分的目的是让设备操作人员更了解日常保养的方式与部位，有利于保养工作的完成。

另外，如果员工还不能主动利用空当时间，来执行保养工作，最好安排在上班一开始，或是下班前，抽出一小段时间，全组员工一起来进行日常保养，一直如此坚持的话，日常保养工作将会做得很好。

2. 制作保养确认单

一般企业都会为设备安排定期保养，但保养不光是靠上级安排，更重要的是大家肯认真执行。

班组长如何掌握相关的人员是否按照预定进度去执行呢？有一个很好的方法就是目视管理。假设设备每三个月要做一次二级保养，可以设计一份"保养确认单"，为了能更明确地掌握状况，可以将年份及月份标注在这份"保养确认单"

上,当这一季二级保养做好,而且也经过有关单位确认后,就将"保养确认单"贴在机器上。

所有经检查保养合格的设备均要贴上"保养确认单"。

3. 运用颜色管理和加油标签

一般的设备需要靠油品来做润滑、保养等的工作,而且,往往会有好几个部位要加同一种油,这些加油嘴常分散在一台设备的不同地方,如果做这项工作时精力不集中,忘了给某个部位加油,或同一个部位被加了好几次,都会影响设备的正常运作。

这时,可利用目视管理来避免这种问题的发生。假设某一设备有4个分散在不同部位的加油嘴,需要定期补充黄油。这时,首先把所有的黄油嘴全漆上黄色(假定以黄色代表黄油),然后,再在每一个加油嘴旁,画上一个小方块,这个方块又分成三格,第一格写上1/4,表示这台机器总共有4个黄油嘴要加油,而目前所看到的是第一个;第二格写上黄油,用文字来帮助操作人员了解颜色所代表的物品;第三格写上每个月的加油日期,目的是提醒操作人员加油的日期。第二、第三、第四个加油嘴的位置也贴上同样的标签,只是第一格替换为2/4、3/4、4/4而已。

4. 运用一条直线法来加固螺钉

机器上的螺钉,是用来固定两个不能焊死的部分,但再精密的机器,在使用时,多多少少都会产生一些震动,久而久之,便会出现螺钉松动的现象。

在整台机器中,螺钉只是个不显眼的小零件,再加上震动所产生的松动,肉眼也难以察觉,所以有异常时往往要花许多时间才能找出原因。

而克服这一困扰的办法是将螺钉拧紧后,在螺钉和机器,或是螺钉和螺帽之间,画上一条直线(图8-2),螺钉一旦松动,这条直线就会发生偏差,就知道螺钉松动了,需要赶紧紧固。

图8-2 一条直线法观察加固螺钉是否松动

七、怎样杜绝设备的异常操作

异常操作是指正常操作手法以外的操作。异常操作可能会对设备、产品、人员造成损害，也可能没有损害，不管会不会造成损害，都应该严格禁止和设法防止其发生。

几乎所有设备的操作顺序都有严格的要求，制造厂家的操作说明也有明文规定，不遵守操作规程会直接导致或加速机器产生故障。然而，生产现场还是有许多作业人员，尤其是新入厂的员工，不按操作规程执行，而进行错误的操作设定。因而应制订对策，禁止异常操作。具体的对策可参考以下所述。

1. 操作标准化

制订"设备操作规程"，并以此为依据来培训操作人员、维修人员、管理人员。操作人员须一步步确认，并经过考试合格后，才能操作设备。

2. 设置锁定装置

① 通过计算机设定程序，或者在机械上设定异常操作锁定机构，使设备只能按正常步骤往下操作。

② 操作键盘上设有透明保护盖（罩、护板），既可以看见动作状态，又能起保护作用，即使不小心碰到按键，设备也不会误动作。

3. 明确非操作人员不得操作

向所有人员讲明"非操作人员，严禁擅动设备，违者严惩"，对违反者给予处罚，设备旁边也应立一块明显标志以示提醒。

4. 制订异常补救措施

制订各种异常操作后的补救措施，并对操作人员进行培训，万一出现异常操作，也能将损失降到最低。

5. 制订设备操作规程

设备操作规程必须包括以下内容。

① 设备技术性能和允许的极限数，如最大负荷、压力、温度、电压、电流等。

② 设备交接使用的规定。两班或三班连续运转的设备，岗位人员交接时必须对设备运行状况进行交接，内容包括设备运转的异常情况、原有缺陷变化、运行参数的变化、故障及处理情况等。

③ 操作设备的步骤。包括操作前的准备工作和操作顺序。

④ 紧急情况处理的规定。

⑤ 设备使用中的安全注意事项。非本岗位操作人员，未经批准不得操作本设备；任何人不得随意拆掉或调整安全保护装置等。

⑥ 设备运行中常见故障的排除方法。

八、怎么进行设备点检作业

1. 什么是设备点检制

设备点检是一种科学的设备管理方法，是利用人的五官或简单的仪器工具，对设备进行定点、定期的检查，按照标准发现设备的异常现象和隐患，掌握设备故障的初期信息，以便及时采取对策，将故障消灭在萌芽阶段的一种管理方法。

点检制是以点检为中心的设备维修管理体制，点检制利用一些检查手段，对设备进行早期检查、诊断及维修。这种体制，点检人员不但要负责设备点检，还要负责设备管理。点检、操作、检修三者之间，点检处于核心地位。点检人员是设备维修的责任者、组织者和管理者。每个企业可结合自身实际情况制订自己的点检制度。

点检人员的具体任务如下所示。

① 全权负责对其管区设备进行点检。
② 严格按标准进行点检。
③ 编制和修订点检计划。
④ 编制检修计划，做好检修工程管理。
⑤ 编制材料计划及维修费用预算，要求以最低费用实现设备预防维修，保证设备得以正常运转，提高设备利用效率。

2. "三位一体"点检制及五层防护线的概念

（1）三位一体

点检制实行的"三位一体"制指的是岗位操作员的日常点检、专业点检员的定期点检、专业技术人员的精密点检三者结合起来的点检制度。三个方面的人员对同一设备进行系统的维护、诊断及修理。

（2）五层防护线

① 第一层防护线：岗位操作员的日常点检。
② 第二层防护线：专业点检员的定期点检。
③ 第三层防护线：专业技术人员的精密点检。
④ 第四层防护线：对出现的问题进一步通过技术诊断等找出原因及相应对策。
⑤ 第五层防护线：每半年或一年的精密检测。

点检制的五层防护线关系见表 8-2。

表 8-2 点检制的五层防护线关系表

层次	负责人员	分工	点检人员	点检手段
精度/性能测试检查	设备操作人员	定期检查	点检员+技术人员	机电液润水一般知识；精密仪器+理论分析+经验
技术诊断与倾向管理	设备操作人员	按项进行	点检员	机电液润水一般知识；仪器+经验
专业精密点检	技术人员	白班按计划	机电液润水等点检员	各专业各自的专业知识；精密仪器+理论分析+经验
专业定期点检	设备操作人员	日常点检	点检员	机电液润水一般知识；工具仪器+经验
日常点检	岗位生产人员	三班24h	操作人员、值班人员	生产工艺设备结构知识；直感+经验

九、什么是设备点检制的"八定"

① 定人。设立操作者兼职和专职的点检员。人员一般为 2～4 人，不超过 5 人，负责几十台到上百台设备，实行常白班工作制。点检员与维护工人、检修工人、维护技术人员，是经过特殊训练的专门人员。

② 定点。明确设备故障点，明确点检部位，项目和内容，使点检员有目的、有方向地进行点检。

③ 定量。对劣化侧向的定量化测定，测定裂化速度，达以预知维修的目的。

④ 定周期。针对不同设备、不同设备故障点给出不同点检周期，并且根据点检员素质的不断提高和经验的持续积累，进行修改和完美。

⑤ 定标准。给出每个点检部位是否正常的依据，这也是判别该部位是否劣化的尺度。凡是点检的对象设备都有规定的判定标准。

⑥ 定计划。点检计划表又称作业卡，是点检员开展工作的指南。点检员根据预先编制的作业卡，沿着规定的路线去实施作业。

⑦ 定记录。定出固定的记录格式，包括作业记录、异常记录、故障记录和倾向记录。

⑧ 定流程。定出点检作业和点检结果的处理程序。

十、班组设备点检制的六大要求

点检制共有 6 项要求，点检作业和点检结果处理程序如图 8-3 所示。

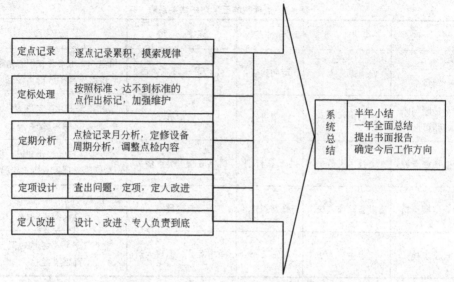

图 8-3　点检作业和点检结果处理程序

① 定点记录。定点记录就是逐点记录积累，摸索经验。

② 定标处理。定标处理就是按照标准检查，达不到标准的点做出标记，加强维护。

③ 定期分析。定期分析就是每个月将点检记录分析一次，以调整定检内容。

④ 定项设计。定项设计就是查出问题，定项定人进行改进。

⑤ 定人改进。定人改进就是设计、改进由专人负责到底。

⑥ 系统总结。系统总结就是半年小结一次，一年全面总结一次，提出书面报告，确定今后的工作方向。

十一、怎样进行设备点检的分类作业

设备的点检就是按照一定的标准、一定周期，对设备规定的部位进行检查，以便及早发现设备故障隐患，及时加以修理调整，使设备保持其规定的功能。

一些主要的设备在出厂时，制造厂商会提供该设备的点检卡或者点检规程，其内容包括检查内容、检查方法、检查周期及检查标准等。设备点检时可按制造厂商指定的点检点和点检方式进行工作，也可根据各自的经验补充增加一些点检内容。设备点检时可以停机检查，也可以随机检查。检查时可以通过听、看、摸及闻等方式，也可利用仪器仪表进行。通过点检设备，可以掌握设备的性能、精度及磨损等情况，及时消除隐患，防止突发事故。点检不但保证了设备的正常运行,又为计划检修提供了正确的信息依据。

设备点检通常分为日常点检、定期点检及精密点检三种。

1. 日常点检

设备的日常点检由操作人员随机检查,即以操作人员为主,每日每班靠听、看、触、闻和简单测试仪器对设备规定部位在运行过程中进行的技术状态检查以及时发现故障征兆和事故隐患。实践证明,设备早期故障80%以上均是在日常点检中发现的。日常点检的内容主要包括以下几项。

① 运行状态及参数。

② 安全保护装置。

③ 易磨损的零部件。

④ 易污染堵塞、需要经常清洗更换的部件。

⑤ 在运行中经常要求调整的部位。

⑥ 在运行中出现不正常现象的部位。

日常点检侧重于发现异常现象,应在交接班或中间停歇时间内进行,所以检查项目简单易行,一般需20min左右。

2. 定期点检

设备的定期点检一般由专业维修人员完成,操作人员协助进行,定期点检应该使用先进的仪器设备和手段,可以得到正确可靠的点检结果。定期点检的内容主要有以下几项。

① 记录设备的磨损情况,发现其他异常情况。

② 更换零部件。

③ 确定修理的部位、部件及修理时间。

④ 安排检修计划。

定期点检侧重于检测设备或零部件的劣化趋势,其检查项目比日常点检深入细致,但基本上是不进行解体检查,一般需40min左右。

3. 精密点检

精密点检一般是由专业技术部门采用专门仪器装备,定期或不定期地在对设备部分或全部解体情况下所进行的鉴定检查。精密点检包括随机的指令性检查、处理事故的鉴定检查、行政监督或工况试验的解体检查、设备维修或大修的拆洗鉴定和验收测试、维修过程中的各种台架试验等类别。

精密点检侧重于精确测量设备或零部件的劣化程度,检查项目包括测定设备所有零部件的技术参数,其检查的具体项目和所需时间需依照点检类别的不同分别确定。点检的种类见表8-3。

表8-3 点检的种类

种类	对象	周期	目的	检查内容	点检手段	所需时间/min	实施部门	执行人
日常点检	所有设备	每日	保证设备每日正常运转,不发生故障	异音、湿度、加油、清扫、调整（开机检查）	五官点检	20	使用部门	操作人员
定期点检	重点设备和PM对象	定期1月以上	保证设备达到规定的性能	测定设备劣化程度,确定设备性能（停机检查）	五官和仪器点检	40	维修部门	点检人员
精密点检	不定	不定期	保证设备达到规定的性能和精度	对问题作深入的调查、测定、分析	特殊仪器点检	120	维修部门	专业技术人员

十二、如何进行设备内部点检

1. 内部点检的负责人

内部点检是由指定人员按点检指导书进行点检。简单的日常点检一般由操作人员负责,复杂的点检则由班组长或专门人员负责。根据各设备的点检项目不同,分别按每日、每周、每月不同的点检周期进行点检。

2. 内部点检的要求

点检后将点检结果记入点检记录表。在设备修复时或使用备品前必须按点检指导书进行点检并记录。

点检记录报告每月一次,具体可依据企业的性质,或所用设备性质决定报告周期,其途径如下所示。

点检者→班组长→部门主管人员

点检记录由各班组长保管,并根据各自企业的标准规定或重要程度确定保管期限。

在日常点检或使用中一旦发现不良情况,点检者应记录不良内容,并立即向上级报告。报告途径如下所示。

点检者→班组长→部门主管人员

3. 内部点检的记录

内部点检记录包括设备点检指导书、设备点检记录表等，具体见表8-4～表8-7。

表8-4 设备点检指导书

分类：设备、夹具、工具、计测器				制表日：				
管理编号				制表		审查		确认
使用区	使用机种	名称	型号	分类	使用数		备用数	点检周期
略图				序号	点检项目		点检具	规格
					改订履历			
				日期	内容		作成	承认

表8-5 设备点检记录表例——普通车床日点检表

机械员： 　　　　　　　　　　　　　　　　　　　　　　　年　　月　　日

车间：	班组：	资产编号		设备型号		操作者			
点检内容		检查日期	1	2	3	4	5	…	30
1. 传动系统无异常响声									

续表

车间：	班组：	资产编号		设备型号		操作者	
点检内容	检查日期	1	2	3	4	5	…	30
2. 各手柄操作灵活，定位可靠								
3. 正反转及制动性能良好								
4. 各变速箱油量在油标刻线以上								
5. 主轴变速箱开机时，油镜显示供油正常								
6. 光杆、丝杆、操纵杆表面无拉伤、研伤								
7. 各导轨面润滑良好、无位伤								
8. 各部位无漏油、冷却系统不漏水								
9. 油孔、油杯不堵塞，不缺油								
10. 无缺损零件								

交班问题记录	1		4		7		本月点检发现问题		处
	2		5		8		本月维修解决问题		处
	3		6		9		其 他		

| 检查方法 | 看、试、听 | 检查周期 | 每天 | 重大问题处理意见 | | 记录符号 | 正常 | 异常 | 已修好 |
| | | | | | | | √ | × | ⊗ |

异常报告途径：点检者→班长→主管→科长

表8-6 点检异常记录

年 月 日	不符合内容	处置内容	确 认

表8-7 改订记录

年 月 日	改订内容	改订者	确 认

报告途径：点检者→组长

十三、如何进行设备日常巡检

1. 设备日常巡检的负责人与要求

巡检是对点检工作的进一步深化和细化，一般是由技术员、富有经验的管理人员（如车间主管或班组长）和维修人员来完成，以达到通过巡检对重要设备进行重点监控，同时对操作人员的不足之处提出建设性意见的目的。

2. 设备日常巡检的记录

设备巡检记录表见表 8-8。

表 8-8 设备巡检记录表

班　　组		巡检日期	年　月　日　时
检查项目	1.		
	2.		
	3.		
	4.		
	5.		
	6. 其他：		
	7. 备注：		
处理意见	检查人（签字）： 　　　　　　　　年 月 日		车间主管（签字）： 　　　　　　　　年 月 日

十四、如何进行设备三级保养

设备保养可以分为三级，通常现场班组做到一级保养就可以了，但有些企业要求设备的二级保养也由班组长负责。

1. 一级保养工作实务

一级保养由设备操作人员负责，其工作实务为依照正常的操作程序使用设备。

（1）每日工作前的检查

① 将尘埃、污物擦拭干净，对滑动部分进行清洁润滑。

② 不必要的物品不放置于设备、传动部位或管线上。

③ 各部位螺钉是否松动。

④ 润滑系统是否足够。

⑤ 空转试车正常与否，传动部分有无异状或异声。

（2）工作中的检查

① 不得从事超越设备性能范围外的工作。

② 因故离开设备时应请人照看或停机。
③ 注意运转情况，有否异常声音、振动及松动等情况。
④ 油路系统畅通与否。
⑤ 轴承或滑动部位有无发烫现象。
⑥ 注意加工物的优劣，以决定是否停机。
⑦ 发现不良，应立即报告班组长。
（3）工作后的检查
① 取下工作物。
② 清扫铁屑、污物，擦拭设备，清扫周围环境。
③ 检视设备各部位是否正常。
④ 工具、仪器及其附件等应保持清洁并置于固定位置。
⑤ 滑动面擦拭干净后，稍注机油防锈。
设备一级保养完工单见表8-9。

表8-9 设备一级保养完工单

使用部门	资产编号		保养日期	
	设备名称		保养工时	
一保内容与要求	以生产工人为主，在维修人员配合下，对设备进行彻底清扫，疏通油路，清洗油线、油毡及各齿轮箱，并加油或换油，去滑动面毛刺，调整间隙，达到脱黄袍，清内脏，漆见本色、铁见光，油路通，油窗亮，操作灵活，运转正常			
实际保养内容及存在问题				
单位主管			机械员	

2. 二级保养工作实务

二级保养如果是由领班或组（班）长负责的，其工作实务为督促一级保养人员实施保养工作并指导。具体工作有以下几项。
① 特殊部位的润滑及定期换油。
② 突发故障的排除及精度的调整。
③ 一级保养人员异常报告的处理。
④ 机件损坏时，视情况需要自行处理或报告一级主管处理。
⑤ 依定期保养日程，配合一级保养人员执行、制订任务。
⑥ 每日上午9时以前检查一级保养人员的保养绩效，并做记录。
⑦ 新设备的安装与试用。

设备二级保养鉴定表见表 8-10。

表 8-10 设备二级保养鉴定表

使用部门：

资产编号		设备名称		复杂系数		机：
型号规格		上次二保时间				电：
几何精度							
序　号	检查项目			允　差		实　测	
二级保养内容及要求	负责人			单位主管			

3. 三级保养工作实务

三级保养由维修部门或班组长负责，其工作实务为设备的整修、性能校正与改善。

在设备的维护检查方面实行日常检查、定期检查及专题检查。日常检查一般由操作人员执行。为了便于检查，常需要决定检查项目，编制检查标准书和日常检查表。检查项目根据设备特性和易发现问题而定，检查是靠人听、视、触、闻对设备的感受而进行，必要时还可用仪表。检查标准书及设备日常保养检查记录见表 8-11 和表 8-12。

表 8-11 检查标准书

注塑成形机	油压部分		检查方法与器具		编制： 年 月 日	
					更正： 年 月 日	
部　位	项　目	周　期	方　法	器　具	判断标准	处　置
各阀门	漏油	日	目测		立即修理	处置
油压管道	漏油	日	目测		立即修理	处置
油压缸	漏油	日	目测		立即修理	处置
油压泵	漏油	日	目测		立即修理	处置

注塑成形机	油压部分		检查方法与器具		编制： 年 月 日	
					更正： 年 月 日	
油压马达	漏油	日	目测		立即修理	处置
油压泵	异声	日	听觉		无异声	向上级反映调查
油压马达	异声	日	听觉		无异声	向上级反映调查
电动机	异声	日	听觉		无异声	向上级反映调查
合模肘节	异声	日	听觉		无异声	向上级反映调查
液压油	温度	日	看油温表	油温表	40～50℃	向上级反映调查
液压油	油量	日	看油位		上下部之间有无油	补充
油冷却器	清扫	12个月	取下罩盖用气吹扫	压缩空气	不脏	清扫
滤清器	清扫	周	用洗油洗		干净	
总管压力	拟定压力	周	看管道压力表		按规定压力正好	修理
各种涨圈	松紧合适	12个月	加紧	扳手	不动	拧紧
液驱缸垫	松紧合适	12个月	加紧	扳手	不动	拧紧
空气滤清器	清扫	12个月			干净	
液压油	油质	6个月	油脂取样		纯净	用油过滤器过油或换油
氧气瓶	混入油	12个月	拧开盖帽		不出油	向制造商联络修理
Y形筛网	清扫	12个月	取出过滤器水洗	扳手	不脏	洗净

表 8-12　设备日常保养检查记录

年　　月

资产编号			设备名称		型号规格			
使用部门			小组		操作者			
项　目	主要检查内容		标准分数	实际评定分数				
				第一周	第二周	第三周	第四周	全月
整齐（15分）	1. 工具、工件、设备附件放置整齐		5					

续表

项 目	主要检查内容	标准分数	实际评定分数				
			第一周	第二周	第三周	第四周	全月
整齐（15分）	2. 操作手柄及标示牌齐全	5					
	3. 管道及线路整齐	5					
清洁（10分）	1. 导轨、丝杆、光杆、挂轮、齿条、工作台等均无油污，无碰伤，无锈蚀	10					
清洁（20分）	2. 基本无漏气、漏水、漏油现象	10					
	3. 设备内外清洁，无黄袍、漆见本色、铁见光，周围无积存的铁屑、垃圾	10					
润滑（35分）	1. 油路畅通，加油、注油器具清洁齐全	15					
	2. 按时加油换油，油质符合要求，油标明亮，润滑良好	20					
安全（20分）	1. 防护装置齐全可靠，无漏电现象	10					
	2. 实行定人定机，认真填写交接班记录，遵守安全技术操作规程	10					
	总分	100					
	评定等级						
备注		定级说明	优　等：总分达90分以上 良　好：总分达80～89分 及　格：总分达70～79分 不及格：总分达70分以下				

使用部门负责人：　　　　　　　　　　　　　　设备员：

第二节 生产工具仪器管理

一、班组工具管理的内容

班组工具管理直接影响整个班组的工作效率以及班组成本,但是很多班组长、一线操作工作都意识不到班组工具的重要性。目前,班组工具管理中常见的问题有工具存放混乱、随意,用时难寻,直接影响工作效率;工具取用容易,归还难,工具越用越少;操作人员对工具的保养意识差,工具损坏严重;等等。

1. 建立健全工具领用制度

班组应有工具使用保管卡片,记录操作人员领用工具的型号、数量、名称、规格、日期;应根据工艺文件的规定,不得多领,也不能少领,更不能乱领。对于共用工具也应建卡管理,个人使用时办借用手续,进行登记,用后及时归还。

2. 合理使用工具

工具的使用应按工艺要求,在工具强度、性能允许的范围内使用,严禁违规代用(如螺钉旋具代凿子、钳子代榔头);不容许专用工具代替通用工具,精具粗用的现象也应坚决禁止,并在使用中注意保持精度和使用的条件。

3. 妥善保管工具

工具应放在固定场所,有精度要求的工具应按规定进行支撑、垫靠;工具箱要整齐、清洁,定位摆放,开箱知数,账物相符;无关物品特别是私人用品不允许放在工具箱内,使用完毕后的工具应进行油封或粉封,防止生锈变形,长期不用的工具应交班组统一保管。

4. 做好工具的清点和校验工作

由于工具使用的频繁性和场所时常变更,容易遗忘在工作场所或互相误认收管,因此应每天查对工具箱一次,一周账物核对一次,以保持工具账物一致。

贵重和精密工具要特殊对待,切实做好使用保管、定期清洁、校验精度和轻拿轻放等事项。量具要做好周期性的检查鉴定工作,使其经常处于良好的技术状态。

5. 做好工具的修复和报废工作

工具都有一定的使用寿命，正常磨损和消耗也难以避免，但凡能修复的应及时采取措施，恢复其原来的性能，如刀具的磨刃、量具的修理等。对于不能修复的工具，在定额范围内可按手续报废（旧）并以旧换新或重新定购，对于节约工具和爱护工具的员工要给予表扬。

班组还应协助做好专用工具的试验（如试模）工作，对于专用工具提出修改意见。

对于违反操作规程造成工具夹、刃具报废等情况，要查明原因，追究其相应责任。个人遗失工具要填写"工具遗失单"根据情况实行赔偿处理。

二、班组日常工具管理的实施

1. 准确编制计划

根据班组的生产使用需要，制订班组工具需求计划，进行协调。

2. 建立工具使用档案

① 根据工具在生产中的作用和技术特征，用"十进位"法，把工具分成类、种、项、型；把所有工具分成十类，每类分成十种，每种分成十组，每组分成十项，每项分成十型。

② 工具编号。有十进位法，字母法，综合法。

③ 注册登记。班组工具不论是个人使用、集体使用、工具室借用（专用工具、工装），都应建立相应账目，为生产做好准备。班组长应对班组所用工具详尽了解，并保证及时供应。

工具管理注册表见表 8-13。

表 8-13 工具管理注册表

类别	编号	工具名称	任务编号	使用日期	完好情况	存放地点	保管人	借用人	交还日期

三、怎样进行仪器设备管理

1. 班组仪器仪表管理的任务

班组仪器仪表管理是指对生产所需要的仪器仪表进行申领、合理使用、精心维护、保持性能和精度、遵守各项管理制度等一系列工作的总称。班组仪器仪表管理有以下几项任务。

① 执行仪器、仪表管理方面的制度。
② 合理使用仪器仪表，保证仪器仪表正常工作和数据的可靠性、准确性。
③ 做好维护、存放、检验、鉴定报废、记账、立卡、统计等工作。
④ 保管好技术资料（包括合格证）。
⑤ 处理好仪器、仪表事故。

2. 班组仪器仪表管理的具体工作

（1）仪器仪表的领用与建账

班组根据生产工艺文件的规定制订新产品工艺方案、设备和仪器改造方案，确定尚不齐全或应该添置的项目。然后通过车间仪表员报请主管部门批准或领用仪器仪表计划。到货后，办理领用手续，建立账卡，验收仪器仪表。班组验收仪器仪表通常是配合仪表员进行，内容有：外观检查，即检查外壳包装是否损坏；成套性检查，即根据装箱单、说明书清点主机、辅机、附件和专用工具、随机图纸、技术资料、说明书和外设接线等；性能检验，即按说明书上规定的技术指标进行逐项检查。大型、精密、稀有仪器还应填写验收报告，同时将图纸、技术资料交上级主管部门存档，班组通常只保存说明书（或其复印件）。

（2）正确使用仪器仪表

① 注意仪器仪表的工作环境和工作条件。一般的仪器仪表都有工作条件的规定，如工作环境温度、湿度等，必须对其严格遵守。使用前先检查合格证，无合格证的仪器仪表应停止使用。正常情况下，仪器工作处要通风，没有强磁场，无腐蚀物和强烈震动，注意防尘。

② 在技术规范允许尺度内使用仪器仪表。世界上没有万能的仪器，所有仪器都是针对某一个具体的局部领域而实施观察、检测、调节和控制作用的，因此，一定要按规定范围使用。要保证仪器仪表都正常工作，不以粗代精，不超负载使用。一般的仪器仪表都经过调整校正，部分结构还进行了密封，未经许可不能拆卸分解仪器仪表。使用时对操纵和控制手柄、形状、按钮要适当用力。

③注意仪器仪表的操作规程。使用前应检查电源和其他动力源是否匹配、接触或密封良好，各外设附件是否配置得当，准备就绪才可开机。凡无线电仪器都有预热稳定过程，使用中应予以等待。其他操作顺序、方法、连续使用时间、使用精度、使用极限等，应按规程进行。

（3）遵守周期检查制度

为了保证仪器仪表功能的准确性、一致性、可靠性，班组必须按照主管部门有关周期检定制度的规定，按时、按量把仪器仪表送交检验、检定，搞好计量仪器的传递工作，并保存好检定卡片或表格、记录。

（4）搞好仪器仪表的维护保养工作

仪器仪表的维护保养的主要内容是防尘、防潮、防腐、防老化工作。要每天用干布擦拭外壳，停用时应用布罩遮盖仪器。部分仪器还有避光的要求，对于仪器仪表中的灰尘要请有关人员定期清除。

（5）做好精密仪器仪表的管理工作

精密、贵重、稀有仪器仪表应该从使用、保管、维护、检查等几个方面切实做好相关工作。对这类设备要严格实行"四定""五不"的管理维护制度。

"四定"是指定使用地点，定使用人员，定检修人员，定专用管理制度。

"五不"是指开机不离人，精机不粗用，不带病工作，不违反操作规程，不在仪器上堆放其他仪器及物品。

（6）做好其他管理工作

①搞好仪器附件的管理。附件的遗失是仪器使用过程中容易产生的事故，而附件的遗失或损坏，往往使精密、贵重的仪器不能继续使用，严重影响生产或科研。因此要切实加强其管理。管理的方法是附件随仪器一起建账，规定固定存放地点，建立借用制度，规定仪器和附件换人使用时的交接手续。

②做好仪器技术资料保管工作。仪器的说明书、操作规程和其他交班组保存的技术资料应和班组工艺文件一起统一保管，班组长换人，应清理移交。这些资料只能借阅，不能交私人保管。

③仪器仪表的遗失处理。对于个人保管的仪器仪表，不管主客观原因发生的遗失情况都应认真进行处理，并立即上报主管部门，针对不同情节，采取行政处分加经济赔偿的方法。各单位都应建立仪器遗失赔偿制度。

④仪器仪表的报废和利用。仪器仪表确因使用年限长久、性能低劣、事故造成严重损坏等而无法修复，或因科技发展而失其原有价值，班组可通过车间向主管部门提出报废申请。主管部门经有关机构技术鉴定、审查同意后，填写报废申请单，报领导审批，正式报废。报废后的仪器由主管部门统一处理。

第三节 全面生产维护（TPM）

一、TPM 的特点与目标

1. TPM 的特点

TPM 的特点就是三个"全"，即全效率、全系统和全员参加。

全效率：指设备寿命周期费用评价和设备综合效率。

全系统：指生产维修系统的各个方法都要包括在内，即 PM、MP、CM、BM 等都要包含。

全员参加：指设备的计划、使用、维修等所有部门都要参加，尤其注重的是操作人员的自主小组活动。

2. TPM 的目标

TPM 的首要目的就是要事先预防、并消除设备故障所造成的六大损失：准备调整、器具调整、加速老化、检查停机、速度下降和生产不良品。做到零故障、零不良、零浪费和零灾害，在保证生产效益最大化的同时，实现费用消耗的合理化。

TPM 的目标可概括为四个"零"，即停机为零、废品为零、事故为零、速度损失为零。

停机为零指计划外的设备停机时间为零；废品为零指由设备原因造成的废品为零；事故为零指设备运行过程中事故为零；速度损失为零指设备速度降低造成的产量损失为零。

二、TPM 活动的内容

TPM 活动的主要内容包括"两个基石和八个支柱"，如图 8-4 所示。

TPM 的每个支柱都应该有完整的推行方法，对企业实行全面的改善。企业应根据自身的需要，选择其中几个支柱推进。

1. 两个基石

① 5S 活动。5S 活动包括整理、整顿、清扫、清洁及素养。

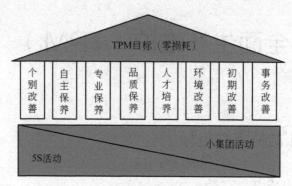

图 8-4　TPM 的两个基石和八个支柱

② 小集团活动。小集团活动包括职务的和自发的小集团活动。

2. 八个支柱

① 个别改善。个别改善即根据设备的不同状况，比如设备的利用情况、性能稼动率、合格率及生命周期等，具体化地利用设备，使企业设备的总体化利用率达到最高。这个体系需要各部门全体员工的配合。

② 自主保养。"设备谁使用，谁负责保养"。依照自主保养步骤，建立各小集团的自主保养活动体制。一般说来，自主保养体系主要由生产部门来确立。

③ 专业保养。专业保养即靠专业技能的保养活动，建立实施定期保养、预防保养系统，并确定保养作业效率。对于设备的维修和检查必须要制订计划。比如，制作查检表，可督促生产部门的操作员工定时给机器加油、拧螺钉、擦灰尘；使设备部门定时进行巡检，检查机器是否存在问题，然后利用生产的间歇，对设备进行小修和大修。

④ 品质保养。品质保养即品质改善活动。设定不生产不良品的条件并建立维持管理体制。建立这一体系需要全体员工全身心地投入，以精品战略来完成产品的整个生产过程。

⑤ 人才培养。人才培养即培养对设备精通的从业人员并提高专业保养人员的整体技能，提高员工保养能力和技能的活动。主要由人事部门负责。

⑥ 环境改善。环境改善即改善工作环境和设备工作条件的活动，建立零灾害、零公害的体制。

⑦ 初期改善。初期改善即设计和技术部门以改善品质、优化加工过程等为目的的活动。

⑧ 事务改善。事务改善即提高办公效率。

三、TPM 推行的 3 个阶段和 10 个步骤

1. 准备阶段

此阶段主要是制订 TPM 计划，创造一个适宜的环境和氛围。可进行如下四个步骤的工作。

① TPM 引进宣传和人员培训。该工作的要点是，总经理的 TPM 宣言在内刊及板报宣传。

主要是向企业员工宣传 TPM 的好处，可以创造的效益，教育员工要树立团结意识，打破"操作工只管操作，维修工只管维修"的传统思维习惯。

② 建立 TPM 推进组织。该工作的要点：成立 TPM 推进室、委员会、实践小组。

成立推进委员会，范围可从企业级到工段级、层层指定负责人，赋予其权利、责任，企业、部门的推进委员会最好是专职的脱产机构，同时还可成立各种专业的项目组，对 TPM 的推行进行及时的指导、培训、解决现场推进困难问题。

③ 建立基本的 TPM 策略和目标。该工作的要点是，设定 TPM 的基本方针和目标，确定重点管理指标并分解。

TPM 的目标主要表现在以下三个方面：

目的是什么（what）；

量达到多少（how much）；

时间表（when）。

简单讲就是，什么时间在哪些指标上达到什么样水平，考虑问题顺序可按照如下方式进行：外部要求→内部问题→基本策略→目标范围→总目标。

2. 建立 TPM 推进总计划

要点：制订一个全局的计划，提出口号，有效推行 TPM。逐步向 4 个"零"的总目标迈进。

计划的主要内容体现在以下五个方面。

① 改进设备综合效率。

② 建立操作工人的自主维修程序。

③ 质量保证。

④ 维修部门的工作计划表。

⑤ 教育及培训、提高认识和技能。

3. 引进实施阶段

此阶段主要是制订目标，落实各项具体措施，步步深入开展工作。可分为5个步骤。

① 制订提高设备综合效率的措施。该步骤的要点是，项目管理团队活动，小组活动。

成立各专业项目小组，小组成员包括设备工程师、操作员及维修人员等。项目小组有计划地选择不同种类的关键设备，抓住典型问题总结经验，起到以点带面的积极作用。项目小组要帮助基层操作小组确定设备点检和清理润滑部位，解决维修难点，提高操作人员的自主维修信心以及其积极性。

② 建立自主维修程序。该步骤的要点是，在5S活动的基础上推行。

首先要克服传统的"我操作，你维修"的分工概念，要帮助操作工人树立起"操作工人能自主维修，每个人对设备负责"的信心和思想。推行5S活动，并在5S活动的基础上推行自主维修"七步法"（表8-14）。

表8-14 自主维修"七步法"

步骤	内容
1. 初始清洁	清理灰尘，搞好润滑，紧固螺钉
2. 制订对策	防止灰尘，油泥污染，改进难以清理部位的状况，减少清洁困难
3. 建立清洁润滑标准	逐台设备，逐点建立合理的清洁润滑标准
4. 检查	按照检查手册检查设备状况，由小组长引导小组成员进行各检查项目
5. 自检	建立自检标准，按照自检表进行检查，并参考维修部门的检查表改进小组的自检标准。树立新目标和维修部确定不同检查范畴的界限，避免重叠和责任不明
6. 整理和整顿	制订各个工作场所的标准，如清洁润滑标准，现场清洁标准，数据记录标准，工具、部件保养标准等
7. 自动、自主维修	工人可以自觉、熟练进行自主维修，自信心强，有成就感

③ 做好维修计划。该步骤的要点是，日常维修计划与自主维修活动结合。

维修计划指的是维修部门的日常维修计划，这要和小组的自主维修活动结合进行。并结合小组的开展情况对维修计划进行细致研究及合理调整。最好是生产部经理与设备科长召开每日例会，随时解决生产中出现的问题，随时安排及调整维修计划。

④ 提高操作和维修技能的培训。该步骤的要点是，组长的集中教育，对组员的传达教育。

对操作人员不但要进行维修技能培训,而且还要进行操作技能的培训。培训要符合实际,因材施教,有层次地进行。如对班组长,培训其管理技能,基本的设计修改技术等;对有经验的工人,培训其维修应用技术;对高级操作工,让其学习基本维修技能、故障诊断与修理初级,如果是新进员工,则让他们学习基本操作技能。

⑤ 建立新产品、新设备初期的管理程序。该步骤的要点是,开发容易制造的产品,引进容易使用的设备。

4. 巩固阶段

巩固阶段只有 1 个步骤:评价 TPM 活动及其成果。

评价设备检查、检修润滑、备件管理等活动的成效;评价 TPM 成果是否达到企业和部门 TPM 目标。改进不足,并制订下一步更高的目标。

必须注意的是推行 TPM 的模式随机应变,基本没有固定的模式企业应当根据自身的特点和推进革新的程度进行取舍,选择以 3 支柱或 5 支柱等形式进行,最后要强调的是这一切都必须建立在 5S 活动的基础上。

四、怎么开展自主保养

1. 自主保养的定义

(1) 什么是自主保养

自主保养是 TPM 活动的 8 个支柱之一,是深化推行 TPM 活动的一个重要部分,同时自主保养也是 TPM 活动推进中与班组日常工作相对较为密切的一项。

自主保养自主保养是指制造部门的作业人员,在"自己设备自己保养"的思想指导下,自己保养运转的设备。除要学会日常点检、给油等保养技能外,还要对设备的异常、故障的修复及延长使用寿命等进行小型改良。通过不断的培训和学习,使现场操作人员逐渐熟悉设备构造和性能,不但会正确操作、保养和诊断故障,而且会处理小故障。

(2) 自主保养的范围

自主保养主要围绕现场设备进行保养,包括清洁、整顿、维修等基础工作,自主保养的范围可以区分为 5 种,见表 8-15。

表 8-15 自主保养的范围

范 围	含 义
整理、整顿、清扫	是 5S 活动中的 3S,延续了 5S 活动

续表

范　围	含　义
基本条件的整备	包括机械的清扫、给油、锁紧重点螺钉等基本条件
目视管理	使判断更容易、使远处式的管理近处化
点检	作业前、作业中、作业后点检
小修理	简单零件的换修、小故障修护与排除

其中，点检包括3个方面：作业前点检、作业中点检和作业后点检。作业前点检就是在每次开动设备前，确认此设备是否具备开机条件，并将所有的关键部位检查一遍。养成这个习惯后，就可以降低故障产生的概率。

作业中的点检就是在设备运行的过程中，确认设备的运行状态、参数是否正常，如果出现异常应该立即排除故障或者停机检修。如果对小问题不重视，这些小问题往往会变成大问题，进而酿成事故。

作业后的点检是在一个生产周期结束后进行停机，然后定期对设备进行检查和维护，为下一次开机做好准备。设备定期做好保养工作，其使用寿命往往可以延长几倍。

2. 设备的维护观念

自主保养观念的建立不仅对设备的维护有益，也提升了员工的技能，培养了员工的自觉保护意识和主人翁意识。在企业中，意识的培养是一件难度较大，又必须做好的工作，意识的培养对于企业效益、企业文化都会产生不可估量的影响。自主保养观念的成效如图8-5所示。

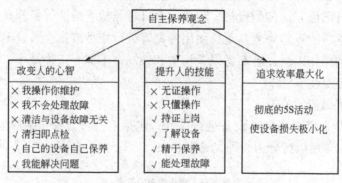

图8-5　自主保养观念的成效

3. 自主保养的三阶段

自主保养主要分为3个阶段：防止劣化阶段、发现和测试劣化阶段、改善劣化阶段,这 3 个阶段是保养设备的一般方法。具体内容就是:开始时进行预防,一旦发现故障,就应尽快找出故障发生的原因,进行维修,在故障排除后要进行总结,吸取经验,避免类似故障再次发生。

① 防止劣化阶段。防止劣化阶段主要是做基本条件的准备工作。清扫、给油、锁紧螺钉,这三项就是防止劣化阶段的工作内容。企业员工要把这三项工作作为一种习惯来完成,每天都对设备的适当的部位清扫灰尘,加油,检查螺钉是否锁紧,之后,才能操作设备。

总之,防止劣化阶段是防止对于设备人为的劣化,将由于设备突发故障造成的损失降至最低点。

② 发现和测试劣化阶段。在发现和测试劣化阶段中,主要的工作是定期进行设备检查,特别是对设备的重要部位进行检查,并记录检查结果。其次,可以用器官的感觉(听、触、嗅、视、味)来发现劣化,把潜在的错误和缺陷迅速地解决和处理掉。

③ 改善劣化阶段。在改善劣化阶段中,主要的工作是处理异常情况。在处理之前,可以做一定的准备工作,如更换油封、油垫、螺钉等这些应急措施,这些小的部位完全可以由操作人员自主保养,无需找维修人员。当然,如果发生大的故障,应该马上找维修人员,此时操作人员可以在旁边协助,以加快维修的进程,同时也可以学到一些维修的知识。

4. 自主保养的 7 个步骤

自主保养要求企业员工自主地对企业实施全面的管理、维护和保养,使养成现场设备的保养、维护成为员工的自觉行为。班组长应该重点掌握其展开步骤。自主保养主要分为 7 个步骤,如图 8-6 所示。

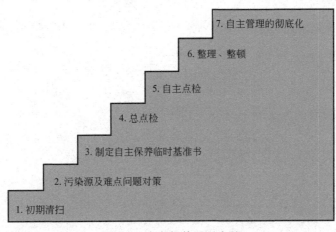

图 8-6 自主保养展开步骤

5. 自主保养的 3 大法宝

在自主保养过程中,要经常运用以下 3 大法宝。

① 将"坚持自主保养"作为生产部门的工作任务和企业的管理方针,明确提出向"零事故、零故障、零短暂停机"的目标迈进。

② 定期组织举办"自主保养"的成果交流。

③ 定期举办自主维修工作研讨会,建立持续改善的机制。

自主保养活动的 7 个步骤都有其各自不同的活动要点,只有对每个步骤的活动要点全面的理解,才能对自主保养活动有一个整体的把握,从而更好地做好自主保养活动。

第九章 全面质量管理

　　班组是企业产品的直接生产单位,是产品质量的直接监控者,班组生产工作开展好坏,直接影响产品质量的优劣,而产品质量的优劣,决定企业的竞争力和经济效益,决定企业的生存和发展,因此,抓好班组产品的生产质量,是班组长的一件大事。

　　本章主要介绍如何推进班组质量管控的一般性知识,如影响产品质量的主要因素、班组品质管理的原则、如何进行产品质量日常检查管理、怎样提高生产直通率、班组如何有效提高产品质量、如何在班组推行"三检制"、如何进行制程质量异常处理、如何处理现场不良品与质量异常,同时对TQM(全面质量管理)进行了详细介绍。

第一节 如何推进班组质量管理

一、影响产品质量的主因有哪些

班组产品质量的主要环节和存在问题,集中反映在工作质量上,即操作波动和质量检测。操作波动是指操作过程中发生的各种异常操作因素。

产生操作波动的主要原因有五点。

① 责任心不强,没有做到勤观察勤调节。

② 执行工艺和操作规程不严,操作失误多。

③ 技术素质低,既不会分析又不会处理。

④ 设备维护保养差,设备带病运转。

⑤ 上下工序协调配合差,生产不稳定。

这五点是导致操作波动的主要原因,只有把造成操作波动的问题解决好,把影响产品质量的"五个原因"控制起来,才能稳定生产,提高产品质量。

质量分析检测不严也是影响产品质量的主要原因之一,质量检测是严把质量关,指导班组生产的"眼睛"。

班组产品质量分析大致分为以下几方面。

① 对生产过程分析把关,指导操作。

② 对半成品、成品分析检测,把好产品出厂关。

③ 通过分析检测,收集整理数据,发现关键所在,进行因果分析,为进一步提高质量采取技术组织措施,确保生产始终保持最佳状态。

二、如何进行产品质量日常检查

为避免由于员工的疏忽而导致不良的影响,使全体员工重视质量管理,确实为提高产品质量、降低成本,班组长需要加强本班组的工作现场、生产操作、质量标准、质量维持、设备维护、厂房安全和卫生等可能影响产品质量的日常检查和管理。

1. 工作检查

必须由各班组长配合单位主管共同执行。

（1）频率

① 正常时每两周 1 次，每次 2～3 人。

② 新进人员开始时每周 1 次，熟练后，依正常频率进行。

③ 特殊重大的工作则视情况而定。

（2）制订工作检查表

2. 生产操作检查

频率为每周 3 次，每次 2 人。

3. 自主检查

对每个检查组每 2～3 天检查一次，并视情况调整。

4. 外协厂商质量管理检查

① 质量管理部成品科会同有关单位人员，不定期巡回检查各协作厂商、原料供应加工厂商。

② 制作外协厂商质量管理检查表。

5. 质量保管检查

① 检查对象包括原料、加工品、半成品、成品等。

② 频率为每周 1 次。

③ 制作质量保管检查表。

6. 设备维护检查

频率为每周 2 次，每次 2～3 台设备。

7. 厂房安全卫生检查

频率为每周 1 次。

三、怎样提高生产直通率

① 减少返工；

② 强化全员质量管理，落实"AAA"活动计划；

③ 源头管控，首件确认把关，运用 SQC，提高解决问题的能力；

④ 通过产品知识教导，建立考核、制程巡检制度；

⑤ 通过 QC 稽核问题的改善，强化工作纪律、工程纪律；

⑥ 提高产品技术资料、制造规格、契约内容的准确性；

⑦ 逐步推动生产标准化，制程治具化，仪器仪表精确化，作业改善省力化，设备运行正常化；

⑧ 异常处理的时效性，制程事件预防能力提高。

四、班组如何有效提高产品质量

1. 强化质量意识教育

强化质量意识教育，就是要全面提高员工质量意识。广大员工，特别是班组长要把提高质量教育放在自身工作的重中之重，牢固树立没有质量，就没有竞争力，没有质量，就没有发展的意识。

2. 抓好平稳操作

平稳操作是提高产品质量的关键环节，平稳操作就是要稳定工艺。

① 抓好交接班。交接班是了解上一班生产、工艺、质量、安全、设备运行及遗留问题等的过程，对于稳定下一班生产工艺和质量至关重要，要严格按交接班的要求进行交接。

② 严格执行操作规程。要求班组成员能熟练掌握技术规程的主要内容，如工艺操作法、工艺条件、工艺参数、安全技术要求等，都严格按照技术规程进行操作，特殊情况听从班组长或上级指示进行调整。

③ 开展岗位培训，提高技术素质。以培训基本动作、基本技能和学习基本理论为主，紧密结合生产实际进行实际训练，通过岗位培训活动，不断提高员工的技术水平，增强岗位实际操作本领，使其在生产过程中同生产工具实现最佳结合，达到优化生产，提高劳动效率的目的。

3. 开展 QC 活动

QC 小组是群众性的质量攻关活动，是员工参与质量管理的好形式，班组长要在生产过程中充分发挥班组成员的聪明才智，开展好此项活动，组织攻关，小革新、小改革和开展合理化建议活动，解决班组产品质量存在的疑难问题和薄弱环节，提高工作质量和产品质量，提高经济效益。

4. 完善岗位质量负责制

建立、完善岗位质量负责制是确保产品质量的可靠保证，在生产过程和工作中必须严格执行。质量负责制执行情况要与班组经济责任制挂起钩来，做到优奖劣罚，实现对产品质量自我控制、自我检查、自我保证，从而实现优质高产，提高经济效益，加速企业发展。

5. 掌握班组品质管理要点

① 操作人员一定要根据操作标准进行操作，且于每一批的第一件加工完成后，必须经过有关人员实施首件检查，待检查合格后，才能继续加工，各组组长并应实施随机检查。

② 检查人员一定要根据检查标准进行检查，不合格品检修后须再经检查合格后才能继续加工。

③ 品质管理部制程科要派员巡回抽验，并做好制程管理与分析，以及将资料回馈有关单位。

④ 发现品质异常应立即处理，追查原因，并矫正及做成记录防止再发生。

⑤ 检查仪器量规要妥善管理和科学校正。

第二节 如何进行现场质量控制

一、如何在班组推行"三检制"

质量管理的三检制指的是操作者自检、员工之间互检和专职检验人员专检相结合的一种质量检验制度。"三检制"有利于调动员工参与企业质量检验工作的积极性和责任感，是任何单纯依靠专业质量检验的检验制度所无法比拟的。班组长要十分熟悉和掌握质量管理三检制的具体内容。

1. 自检

① 自检就是操作人员对自己加工的产品，根据工序质量控制的技术标准自行检验。

② 自检的最显著特点是检验工作基本上和生产加工过程同步进行。

③ 通过自检，操作人员可以真正及时地了解自己加工的产品的质量问题以及工序所处的质量状态，当出现问题时，可及时寻找原因并采取改进措施。

④ 自检制度是员工参与质量管理和落实质量责任制度的重要形式，也是三检制能取得实际效果的基础。

自检进一步可发展为"三自检制",即操作者"自检、自分、自记"。"三自检制"管理流程如图9-1所示。

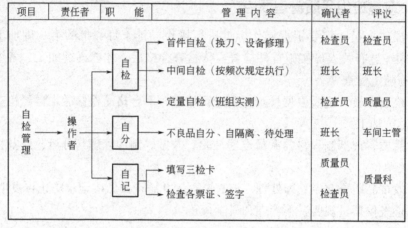

图9-1 "三自检制"管理流程

"三自检制"是操作者参与检验工作,确保产品质量的一种有效方法。不但可以防止不合格产品流入下道工序,及时消除异常因素,防止产生大批不合格品,而且产品无论流转到哪道工序,只要发现问题,便可以找到责任者,操作者对产品质量必须负责到底。

2. 互检

① 互检就是工人之间相互检验。一般是指下一道工序对上一道工序流转过来的在制品进行抽检;同一工作地轮班交接时的相互检验;班组质量员或班组长对本班组工人加工的产品进行抽检等。

② 互检是对自检的补充和监督,同时也有利于工人之间协调关系和交流技术。

3. 专检

① 专检就是由专业检验人员进行的检验。专业检验人员熟悉产品技术要求,工艺知识经验丰富,检验技能熟练,效率较高,所用检测仪器相对正规和精密,因此,专检的检验结果比较正确可靠。

② 由于专业检验人员的职责约束,以及和受检对象的质量无直接利害关系,其检验过程和结果比较客观公正。所以,三检制必须以专业检验为主导。

③ 专业检验是现代化大生产劳动分工的客观要求,已成为一种专门的工种与技术。

二、如何进行制程质量异常处理

班组长要明确制订发现质量异常时所应采取的措施，使问题迅速确实地改善，并防止再次发生，以维持质量的稳定。

制程质量异常处理要点有以下几个。

① 于制程中发现质量异常，应立即采取临时措施并填写"异常处理单"通知质量管理单位。

② 填写"异常处理单"需注意以下事项。

非量产者不得填写；

同一异常已填单，在 24h 内不得再填写；

详细填写，尤其是异常内容以及临时措施；

如本单位就是责任单位，则先确认。

③ 质量管理单位设立管理簿登记，并判定责任单位，通知其妥善处理，质量管理单位无法判定时，则会同有关单位判定。

④ 责任单位确认后立即调查原因（如无法查明原因则会同有关单位研商）并拟定改善对策，经厂长核准后实施。

⑤ 质量管理单位对改善对策的实施进行稽核，了解现况，如仍发现异常，则再请责任单位调查，重新拟订改善对策，如已改善则向厂长报告并归档。

异常处理单见表 9-1。

表 9-1 异常处理单

年 月 日	编号：
异常现象	经办人： 年 月 日
班组车间 意见	签章 年 月 日
质量管理部 门建议	签章 年 月 日

续表

厂长批示	签章 年 月 日
备注	

三、如何处理现场不良品

不良品是指不符合产品图样要求的在制品、返修品、回用品、废品及赔偿品。生产制造过程中的不良品,应根据有关质量的原始记录,进行分类统计;还要对废品种类、数量、生产废品所消耗的人工和材料、产生废品的原因和责任者等,分门别类加以统计,并将各类数据资料总编制成表,为进一步单项分析和综合分析提供依据。不良品统计分析后,要查明原因,及时处理,防止再度发生。

质量检验员对现场出现的不良品要进行确认,做好标记,开具不良品票证,建立台账。车间质量员根据检验员开出的票证进行数量统计,并用板报形式将"不良品统计日报"公布。当天出现的废品要陈列在展示台上,由技术员、质量员、检验员、班组长及其他有关人员在展示台前会诊分析,判定责任,限期改进,防止事故重演。

四、防止不良品有何要诀

1. 有稳定的人员

人员流动的频率往往可以反映员工对企业认同的程度,一切成长的条件都是随着人员的流动而流失,质量也是一样。稳定人员做起来很难。这就需要班组长在管理过程中对每一个新进员工表明:"你对我很重要。"这样自然能够产生工作情感,员工对班组有了感情,情绪就会稳定。人员的情绪稳定了,质量也会提升。

2. 有良好的教育训练

每一项工作都需要专业人员将专业知识及理论基础演化为实用性的技巧,尽快填补员工因工作经验的不足以及理念上的差异所造成的沟通协调困难。

3. 按标准操作

标准是制度,是规定,是工作规则,也是工作方法。

4. 消除环境的脏乱现象

工作场所脏乱，代表的是效率低下、品质不稳定以及"总值"的浪费。推行5S活动就能得到意想不到的效果。脏乱，虽然不是影响品质的决定因素，但又不得不承认它跟产品的品质有因果关系。

5. 统计品管

传统的品管方法是对产品进行检验，让良品继续流向施工程序，而把不良品予以剔除。这只能得到被检验产品的品质信息，而对于产品的品质改善是没有意义的。所以统计品质也是一个很重要的因素。

6. 完善的设备保养制度

产品是靠设备来生产的，设备有精密度与使用寿命。设备就像人的身体一样，平常就得注意保养。身体不保养，健康就会受到影响。同样地，设备不注意保养，设备的精密度、使用寿命就会随之下降，产品的质量也会受到影响。

第三节　积极参与全面质量管理（TQM）

一、什么是TQM（全面质量管理）

全面质量管理（TQM）就是为完全满足消费者的需要，企业各部门综合进行全方位改进质量的方法和过程，目的是为最经济地进行生产和服务而建立有效的质量管理体系。

1. 什么是全面

"全面"在全面质量管理中，主要包括三个层次的含义。
① 运用多种手段，系统地保证和提高产品质量；
② 控制质量形成的全过程，而不仅仅是制造过程；
③ 质量管理的有效性应当是以质量成本来进行衡量和优化。

因此，全面质量管理不仅仅停留在制造过程本身，而且已经渗透到了质量成本管理的所有过程之中。

2. TQM 的含义

全面质量管理的英文原文为 Total Quality Management。其中，Total 指的是与公司有联系的所有人员都参与到质量的持续改进过程中；Quality 指的是完全满足顾客明确或隐含的要求；而 Management 则是指各级管理人员要充分地进行工作协调，以保证质量管理的顺利推进。

3. TQM 的"三全"

根据 ISO 9000 的定义，质量管理是指一个组织以质量为中心，以全员参与为基础，目的在于通过让顾客满意和本组织所有成员以及社会受益而达到长期成功的管理途径。

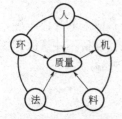

图 9-2 影响产品质量的五大因素图

由此可见，质量管理的全过程应该包括产品质量的产生、形成和实现的过程。要保证产品的质量，不仅要管理好生产过程，还需要管理好设计和使用的过程。

通常认为，影响质量的因素主要有五个，即人员、机器、材料、方法和环境，简称人、机、料、法和环，如图 9-2 所示。为了保证和提高产品质量，既要管理好生产过程，也要管理好设计和使用的过程，要把所有影响质量的环节和因素控制起来，形成综合性的质量体系。

因此，全面质量管理不仅要求有"全面"的质量概念，还需要进行"全过程"的质量管理，并强调"全员参与"，即"三全"的 TQM。

二、TQM 现场质量管理有何要求

1. 现场质量管理的含义

现场质量管理又称制造过程质量管理、生产过程质量管理，是全面质量管理中一种重要的方法。它是从原材料投入到产品形成整个生产现场所进行的质量管理。搞好现场质量管理可以确保生产现场生产出稳定和高质量的产品，使企业增加产量，降低消耗，提高经济效益。

2. 现场质量管理的对象

现场质量管理以生产现场为对象，以对生产现场影响产品质量的有关因素和质量行为的控制和管理为核心，通过建立有效的管理点，制订严格的现场监督、检验和评价制度以及现场信息反馈制度，进而形成强化的现场质量保证体，使整个生产过程中的工序质量处在严格的控制状态，从而确保生产现场能够稳定地生产出合格品和优质品。

3. 现场质量管理的要求

现场质量管理法对操作人员和检验员有特别的要求。

（1）对操作人员的要求

① 学习并掌握现场质量管理的基本知识，了解现场与工序所用数据记录表和控制图或其他控制手段的用法及作用，懂计算数据和打点。

② 清楚地掌握所操作工序管理点的质量要求。

③ 熟记操作规程和检验规程，严格按操作规程（作业指导书）和检验规程（工序质量管表）的规定进行操作和检验，做到以现场操作质量来保证产品质量。

④ 掌握本人操作工序管理点的支配性工序要素，对纳入操作规程的支配性工序要素认真贯彻执行；对由其他部门或人员负责管理的支配性工序要素进行监督。

⑤ 积极开展自检活动，认真贯彻执行自检责任制和工序管理点管理制度。

⑥ 牢固树立"下一道工序是用户、用户第一"的思想，定期访问用户，采纳用户正确意见，不断提高本工序质量。

⑦ 填好数据记录表、控制图和操作记录，按规定时间抽样检验、记录数据并计算打点，保持图表和记录的整洁、清楚和准确，不弄虚作假。

⑧ 在现场中发现工序质量有异常波动（点越出控制限或有排列缺陷），应立即分析原因并采取措施。

（2）对检验员的要求

① 应把建立管理点的工序作为检验的重点，除检验产品质量外，还应检验监督操作工人执行工艺及工序管理点的规定，对违章作业的工人要立即劝阻，并做好记录。

② 检验员在现场巡回检验时，应检查管理点的质量特性及该特性的支配性工序要素，如发现问题应帮助操作工人及时找出原因，并帮助采取措施解决。

③ 熟悉所负责检验范围现场的质量要求及检测试验方法，并按检验指导书进行检验。

④ 熟悉现场质量管理所用的图表或其他控制手段的用法和作用，并通过抽检来核对操作工人的记录以及控制图点是否正确。

⑤ 做好检查操作工人的自检记录，计算他们的自检准确率，并按月公布和上报。

⑥ 制度规定参加管理点工序的质量审核。

三、TPM 的基本方法——PDCA 循环

PDCA 循环又名戴明环，是全面质量管理所应遵循的科学程序。全面质量管

理活动的全部过程,就是质量计划的制订和组织实现的过程,这个过程就是按照 PDCA 循环,不停顿地周而复始地运转的。

1. PDCA 循环的四个阶段

① P(Plan)——计划阶段。即在分析研究的基础上,确定质量目标、管理项目,确定活动计划和活动措施。

② D(Do)——执行阶段。即根据预定目标、措施、计划,组织实现计划中的内容。

③ C(Check)——检查阶段。即检查计划实施情况,以计划目标为标准,与实际工作结果对比,衡量效果,找出存在的质量问题。

④ A(Action)——行动阶段。对总结检查的结果进行处理,成功的经验加以肯定并适当推广、标准化,或制订作业指导书,便于以后工作时遵循;失败的教训加以总结,以免重现,并记录在案;未解决的问题应提给下一个 PDCA 循环中去解决,作为下一循环制订计划目标的依据。

PDCA 质量循环四个阶段与八个步骤图如图 9-3 所示。

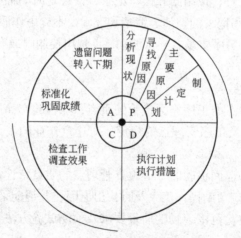

图 9-3　PDCA 质量循环四个阶段与八个步骤

2. PDCA 循环的八个步骤

① 分析现状,找出问题;

② 分析各种影响因素或原因;

③ 找出主要影响因素;

④ 针对主要原因制订措施计划;

⑤ 执行、实施计划;

⑥ 检查计划执行结果；
⑦ 总结成功经验，制订相应标准；
⑧ 把未解决或新出现问题转入下一个 PDCA 循环。
PDCA 质量循环的四个阶段与八个步骤，具体见表 9-2。

表 9-2　PDCA 八个步骤及实施方法表

阶　段	步　骤	主要方法
P	1. 分析现状，找出问题	排列图法，直方图法，控制图法，工序能力分析，KJ 法，矩阵图法
P	2. 分析各种影响因素或原因	因果图法，关联图法，矩阵数据分析法，散布图法
P	3. 找出主要影响因素	排列图法，散布图法，关联图法，系统图法，矩阵图法，KJ 法，实验设计法
P	4. 针对主要原因制订措施计划	①回答 5W1H 为什么制订该措施（Why）？ 达到什么目标（What）？ 在何处执行（Where）？ 什么时间完成（When）？ 如何完成（How）？ ②目标管理法，关联图法，系统图法，矢线图法，过程决策程序图法
D	5. 执行、实施计划	统图法，矢线图法，矩阵图法，矩阵数据分析法
C	6. 检查计划执行结果	排列图法，控制图法，系统图法，检查表，抽样检验
A	7. 总结成功经验，制定相应标准	制订或修改工作规程、检查规程及其他有关规章制度
A	8. 把未解决或新出现问题转入下一个 PDCA 循环	

四、美的电器公司的 PDCA 特点

美的电器公司的现场管理是十分到位的，其 PDCA 实施的特点如下。
① 把 PDCA 作为一个项目来对待；
② 组建了专门的团队；
③ 确定范围化目标；
④ 制订推进计划；
⑤ 把握现状。对现状的把握可以针对各自企业的具体情况来确定，美的电器主要从以下几个方面来把握。

a. 物料三定是否彻底；
b. 5S 整顿是否有空间；
c. 安全防护是否全面；
d. 物品标示是否完善。

⑥ 制定对策。美的电器对于现场管理制定了详细的改善对策，详见图9-4。

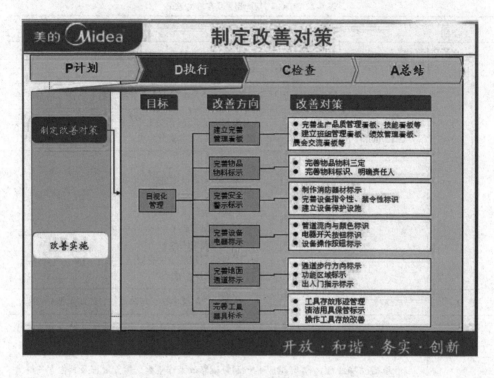

图 9-4　制定改善对策

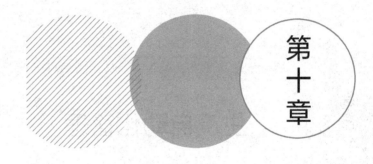

第十章

生产自动化管理

对于生产型企业来说，企业生产管理是生产型企业管理的最核心、最重要的环节。传统的管理方式会造成管理混乱，企业停滞不前。所以引入自动化生产管理方法来改善企业管理局面，是生产型企业迅速提高企业管理水平最常见、最有效的手段。

第一节 生产自动化管理

一、什么是生产自动化

生产自动化，是指不需要人直接参与操作，而由机械设备、仪表和自动化装置来完成产品的全部或部分加工的生产过程。

各类机器人在生产过程中的广泛运用，提高了工业生产的自动化、智能化、工业化，推进了工业化进程，提高了生产自动化管理水平。

二、生产自动化管理的内容

自动化设备管理如图 10-1 所示，自动化管理的内容如图 10-2 所示。

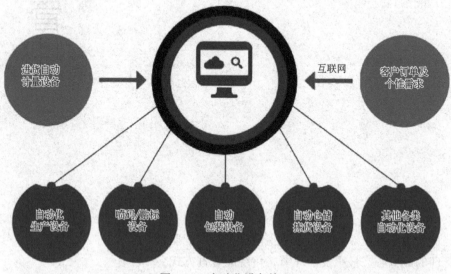

图 10-1　自动化设备管理

第十章　生产自动化管理

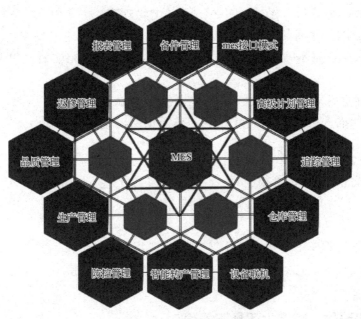

图 10-2　自动化管理内容

第二节　生产自动化管理的难点与对策

一、生产自动化管理的难点

当前，我国制造业面临着异常严峻的挑战，在这种背景下，制造企业如何实现转型升级？推进智能制造成为重要的途径。然而，目前我国制造企业推进智能制造面临着诸多难点问题。

1. 如何选择先进技术

近年来，从工业4.0的热潮开始，智能制造、CPS、工业互联网（平台）、企业上云、工业APP、人工智能、工业大数据、数字工厂、数字经济、数字化转型、C2B（C2M）等概念接踵而至，对于大多数制造企业而言，可以说是眼花缭乱、无所适从。

智能制造涉及的技术非常多，例如云计算、边缘计算、RFID、工业机器人、

195

机器视觉、立体仓库、AGV、虚拟现实/增强现实、三维打印/增材制造、工业安全、TSN（时间敏感网络）、深度学习、Digital twin、MBD、预测性维护……，让企业目不暇接。这些技术如何应用？如何取得实效？很多企业还不是很清楚。

企业推进智能制造领域的相关技术缺乏经验，也缺乏可以借鉴的成功案例。在实际推进智能制造的过程中，企业仍然面临很多困难。

2. 企业自动化难点

推进智能制造，前景很美好。但是绝大多数制造企业利润率很低，缺乏自主资金投入。在"专项""示范"以及"机器换人"等政策刺激下，中小企业需要自力更生。

大屏幕指挥中心、大量采用机器人的自动化生产线、立体仓库、AGV、MES等必不可少，究竟能否取得实效，还需要企业不断摸索适合自己企业的发展路径。

3. 自动化、数字化还是智能化？

在推进智能制造过程中，不少企业对于建立无人工厂等跃跃欲试，认为这就是智能工厂。而实际上，高度自动化是工业3.0的理念。

对于大批量生产的产品，国外的优秀企业早就实现了无人工厂，例如FANUC全自动装配伺服电机，40秒一个，但其前提是产品的标准化、系列化，以及面向自动化装配的设计，例如将需要用线缆进行插装的结构改为插座式的结构。

对于大批量生产的产品，大量应用机械手，实现高度自动化；对于中小批量的产品，推进低成本自动化，即部分工位的自动化；而对于单件定制的产品，采取手工装配。

一个真正的智能工厂，应该是精益、柔性、绿色、节能和数据驱动，能够适应多品种小批量生产模式的工厂。智能工厂不是无人工厂，而是少人化和人机协作的工厂。推进智能工厂绝不是简单地实现机器换人。南京某工厂有一条装配线，一开始设置的自动化率是90%，后来发现调整为70%，增加若干人工工位，整体质量和效率反而是最优的。此外，对于装备制造行业，机加工等工序并不适合建立自动化生产线，而建立FMS（柔性制造系统），则是更现实的选择。MAZAK、FANUC的机加工车间应用FMS已达到720小时无人值守，自动生产不同的机械零件。

4. 投资回报

制造企业的企业家，尤其是中小型民营企业的老板，非常关心投资回报。

作为一个使能要素,企业离不开工业软件,却难以计算出它究竟为企业直接或间接节省了多少成本,赚了多少钱。如果选型、实施和应用不到位,更是常常用不起来,业务部门牢骚满腹。长此以往,制造企业更加重硬轻软,最后停留在小打小闹地做一点局部的自动化改善。

5. 数据采集与设备联网

企业要真正实现智能制造,必须进行生产、质量、设备状态和能耗等数据的自动采集,实现生产设备(机床、机器人)、检测设备、物流设备(AGV、立库、叉车等),以及移动终端的联网,没有这个基础,智能制造就是无源之水。

但是很多制造企业还停留在单机自动化阶段,甚至一些知名企业的生产线也未联网。没有基础的设备联网,何谈工业互联网?

6. 基础数据和管理基础

无论是推进企业信息化、两化融合,还是进一步实现数字化转型,推进智能制造,基础数据的规范性和准确性都是必要条件。很多企业在实施 ERP 或者 ERP 升级换型的过程中,花费时间最多的就是基础数据的整理。企业管理的规范性、业务流程的清晰,也是企业推进智能制造的"敲门砖"。但现实的情况是,一些企业的基础数据还没有理顺,却大谈"工业大数据"。这种舍本逐末的做法,难以取得实效。

二、推进智能制造的六大对策

推进智能制造难点多,那么,制造企业究竟应该采取什么对策?避免变成"滑铁卢战役"呢?

1. 智能制造不是目的,而是手段

推进智能制造的核心目的是帮助企业通过实现降本增效、节能降耗、提高产品质量、提升产品附加值、缩短产品上市周期、缩短制造供应链周期、满足客户个性化需求,以及向服务要效益等途径,提升企业的核心竞争力和盈利能力。推进智能制造不能搞面子工程。

2. 对智能制造应有正确的理解和认识

智能制造覆盖企业全价值链,是一个极其复杂的系统工程,不要期望"毕其功于一役",搞个专项就万事大吉;推进智能制造需要规划、IT、自动化、精益等部门通力合作;不同行业的企业推进智能制造差异很大。推进智能制造,需要引

入中立、专业的服务机构，开展多层次、多种形式的培训、考察、交流与学习，让企业上下树立对智能制造的正确认识。

小批量、多品种的企业，不要盲目推进无人工厂；个性化定制和无人工厂是鱼和熊掌不可兼得；不能盲目推进机器换人。

智能制造包括四种类型的创新（商业模式、生产模式、运营模式和决策模式创新）、十大应用场景（智能产品、智能服务、智能装备、智能产线、智能车间、智能工厂、智能研发、智能管理、智能物流供应链以及智能决策），底层还需要五大类使能技术（ICT技术、工业自动化技术、先进制造技术、现代企业管理和人工智能技术）的支撑。

3. 大处着眼，小处着手

企业要想推进智能制造取得实效，应当通过智能制造现状评估、业务流程和工艺流程梳理、需求调研与诊断、整体规划及落地实施五个步骤，画出清晰的智能制造路线图，然后根据路线图和智能制造整体规划，稳步推进具体的项目，注重对每个智能制造项目明确其KPI指标，在测度关键绩效指标的基础上，评估是否达到预期目标。智能制造要取得实效，需要清晰的思路、明确的目标、高层的引领、专业的团队和高度的执行力。

4. 紧密跟踪先进制造技术的发展前沿

近年来，制造业的新材料、新技术、新工艺层出不穷，金属增材制造技术不仅改变了复杂产品的制造方式，还改变了产品结构，也彻底打破了可制造性的桎梏，催生了创成设计（Generative Design）等新的设计模式，从计算机辅助人设计，演化为人辅助计算机设计。碳纤维复合材料的广泛应用催生了全新的制造工艺和制造装备。

奥迪A8采用了铝质车身，车身焊接不能再使用点焊，取而代之的是铆焊、摩擦焊、激光焊等新工艺。材料和工艺的改进，往往会对产品的性能，例如抗腐蚀、耐久性带来巨大的提升。精密测量技术也在迅速发展，由接触式测量发展到非接触式测量，由离线检测演化为在线检测，由事后检测演化为边测量边加工，从而帮助制造企业提升产品质量。

5. 积极推进数字化和智能化技术的应用

当前，人工智能技术的发展如火如荼，必将在制造业中不断得到应用，尤其是在无人驾驶汽车、质量检测与优化、设备故障诊断和预测等领域。现在已经出现了Google的Tensorflow等开源的人工智能引擎可以应用。

此外，VR（虚拟现实）、AR（增强现实）、MR（混合现实）等可视化技术，在制造业也有很好的应用场景，例如设备操作培训和设备维修维护等。爱立信工厂应用 AR 技术进行电路板的检测，蒂森克虏伯电梯利用 MR 技术提高电梯维护的效率。Cobot（协作机器人，单臂和双臂）在装配、拧螺丝、涂胶等很多工序可以进行应用，机器人与视觉传感器、力觉传感器的集成应用能够大大提高机器人动作的准确性和灵活性。

6. 选择真正靠谱的合作伙伴

智能制造系统架构十分复杂，也非常个性化，相关技术在不断演进，企业本身也是动态变化。智能制造评估体系和规划方法论还处于不断完善的过程中，智能制造的推进是一个长期的过程。

因此，企业推进智能制造需要寻找专业的合作伙伴，从培训、现状评估、规划，到具体的工厂布局、产线设计、仓储物流规划，到 ERP/MES/PLM 的集成规划方案，到真正实现数据采集网络的建设，实现 IT 与 OT 系统的集成。

第三节 自动化生产管理制度

一、工厂自动化生产管理办法

本管理办法适用于生产过程自动化控制系统的管理、维护与使用，为确保自动化控制系统安全、可靠的运行，特制定本办法。

二、职责划分

1. 自动化管理办公室职责

① 自动化系统设备设立统一编号，建立设备档案，内容包括设备编号、安装位置、型号、性能参数、主要用途、上岗时间、生产厂家、维护记录。

维护记录需详细记录维护原因、时间、方式、验收人、上岗原因或者报废原因。
② 估计自动化设备现场损耗情况，及时提出备件计划。
③ 确保设备环境卫生、安全可靠。
④ 对于可线性调节的模块，须每年进行一次标校，并填写相应记录。

⑤定期制定优化计划，及时对系统与应用软件进行升级，保证工控系统软件的最优配置。

2. 使用部门职责

①操作员周边环境必须干净、整洁，设备外壳无积尘、无污迹。
②操作员微机只能进行过程控制操作，不得做其他任何应用。

三、自动化系统维护管理

1. 自动化图纸资料管理

①自动化系统的各种图纸、软件硬件资料由办公室专人保管，图纸资料需编号清楚，且整洁、完备。

②自动化系统如有改动或扩展，必须由管理部门根据变动情况出具模块安装位置图、网络结构图、外部接线图、控制回路图和变化后的程序逻辑图，并由相关负责人验收审核后，与原图一起存档。

自动化图纸资料必须填写记录，按时归还。

2. 自动化系统日常维护管理

①自动化日常维护包括：定期巡检、系统优化、故障处理。
②自动化主管人员必须定期对自动化现场设备运行情况进行点检，并认真做好点检记录。

表10-1 自动化设备点检记录表

日期：		年　月　日　时　分
项目	内容	备注
设备名称		
设备状况		
发现问题		
处理意见		
检查人	（签字）	

③自动化管理部门优化升级软件涉及其他部门协助或需暂停生产的，须经上级部门批准。

④ 自动化维护部门负责系统故障的处理，并需认真做好故障处理记录（见表 10-2）。

表 10-2 故障处理记录表

项目	内容	备注
发生时间		
故障原因		
故障描述		
处理方法		
处理时间		
处理结果		
处理人员	（签字）	

⑤ 自动化办公室每月需根据故障处理统计频次，做出相应的优化计划。

四、自动化行业设备管理规范制度

1. 范围

本制度适用于制造事业 ×× 所有生产、检测设备的使用、维护和保养等工作。

2. 术语和定义

2.1 设备等级划分

划分原则是根据设备对生产影响程度。

A 类设备：设备故障后将马上导致生产线停产的设备。

B 类设备：设备故障后仍可维持一段时间生产，但半日内将导致生产线停产的设备。

C 类设备：辅助性及生活性与生产关联不大的设备。

2.2 设备可动率 =（生产时间 - 故障停机时间）/ 生产时间 ×100%

故障停机时间：设备从发生故障起到修复完毕占用的生产时间。

2.3 设备完好率 = 完好设备台数 / 设备总台数 ×100%

完好设备：使用时未发生故障的设备。

3. 职责和权限

3.1 制造部设备动力科（以下简称：设备动力科）职责：

3.1.1 负责建立健全设备管理制度，组织安排设备点检和保养工作，确保设备完好率达标，努力降低设备故障频次和维修成本。

3.1.2 设备技术资料的形成、积累、整理、立卷、归档工作。

3.1.3 组织协调编制设备作业要领书，做好对有关操作工的技术操作考核，监督签发上岗证。

3.1.4 负责对保全员进行业务指导、监督、督促做好设备检修保养工作。

3.1.5 负责各车间备件库的监督管理，做到合理储备、帐、卡、物相符。

3.1.6 开展群众性的"三好""四会"活动，推行分级保养制，拟定预防事故的措施，定期组织设备大检查，作好记录，落实考核，监督整改。

"三好"要求是针对设备的使用单位而言要求做到设备的"管好""用好""修好"；

"管好"是指设备的操作者因负责保管好自己的设备，未经同意，不准其他人员操作使用；

"用好"是指要严格贯彻设备操作维护规程和工艺规程，不允许超负荷使用设备，杜绝野蛮操作，不文明操作行为的发生；

"修好"是指设备操作工人要配合设备保全人员进行维护修理工作，及时发现隐患排除故障，按计划交出设备；

"四会"是指会使用、会维护、会检查、会排除故障。

3.1.7 组织设备改进改装、委外大修的实施工作，并对修理工作进行技术监督，主持修理后的调试验收工作。

3.1.8 组织监督处理重大设备故障，参加一般设备事故的分析，提出处理意见。

3.2 使用车间部门职责

3.2.1 车间负责贯彻执行设备管理的各项规章制度，督促检查操作工人遵守操作规程，做好设备的检修保养工作，合理安排生产任务，协调设备检修保养时间，保持设备完好状态。

3.2.2 根据生产管理科下发生产任务，车间主任合理安排生产，协调设备检修保养时间。

3.2.3 设备主管及保全班组长负责制定本部门设备年、月度检修保养计划、组织故障抢修、编制设备点检表、设备作业要领书等。

3.2.4 保全人员负责设备运转中巡视点检、隐患确认、故障排除、设备的二级保养，发现问题时及时抢修，并指导操作工进行设备的日常保养、一级保养。

3.2.5 操作工负责日常点检、日常保养、设备一级保养，发现问题及时向设备保全人员反映，并配合设备保全人员进行设备二级保养，促进 TPM 工作的开展。

4. 工作程序

通过对设备进行综合管理，进而保持设备完好，不断改善和提高企业技术装备素质，充分发挥设备效能，取得良好的投资效益。

4.1 设备采购验收管理

4.1.1 设备前期管理

前期管理主要工作内容：设备规划方案的调研、制定、论证和决策；设备市场货源调查和信息的收集、整理、分析；设备投资申请、审批实施；设备联系采购、订货、合同管理；设备的安装、调试运转；设备投资效果分析、评价和信息反馈。

4.1.2 计划决策

各部门根据生产工艺需求向设备动力科提出申请配备适当的设备，设备动力科负责组织使用部门及其相关部门对新设备进行调研、制定、论证和决策。

4.1.3 购买实施

由使用部门填写《固定资产申请单》经使用部门主任/科长确认，经资产主管部门、使用部门部长同意后，报总经理批准，最后由生管物流部采购科组织签订合同实施购买。

4.1.4 到货检验

设备到货后由设备动力科组织生管物流部采购科、使用部门按程序进行验收。首先检查外观包装情况，检查包装箱是否有损坏的地方；开箱后，取出装箱单，核对随机带来的文件、说明书、图纸、工具、附件及备件等数量是否相符；检查所到设备的型号、规格是否相符；察看设备状况，检查有无磕碰损伤、缺少零部件、明显变形、尘沙积水、受潮锈蚀等情况。开箱后发现的问题，应做好记录，作为向制造厂或有关部门交涉索赔的依据。

4.1.5 安装调试、验收投产

设备动力科结合设备要求确定设备地基图，然后交基建部门施工，地基做好后，设备动力科再组织设备安装及调试。

凡是安装调试完毕的设备，先由设备动力科或其授权人进行空运转试验、负荷试验、精度试验检查，调试达到技术使用要求，然后由使用车间进行试运行、验收，验收合格后，由设备动力科技术人员填写《设备安装、工程竣工验收单》存档，同时设备动力科、使用车间分别将设备登录设备台账。若不符合验收要求，分析原因后按性质归纳（原设计问题、制造问题、安装质量问题、调整中的技术

问题等），查清原因后，责成相关部门重新安装、调试。

4.1.6 设备的附件工具与随机文件

设备的附件与工具进行清点后，由设备动力科将随机附件及工具交给 GPS 库保管，车间根据需要再领用，设备的随机文件以及安装过程中所产生的文件统一交到设备动力科归档至文件管理中心，集中管理。

4.2 设备使用及检修保养管理

4.2.1 设备台账

使用部门针对本部门使用设备建立《设备台账》，并交设备动力科备案，设备动力科每月末依据设备台账进行核实、盘点，做到账物相符。

4.2.2 档案管理

设备档案是指从规划、设计、制造、安装、调试、使用、维修、改进改装、更新直到报废的设备全过程中形成的图纸、文字说明、凭证和记录等文件资料，通过不断收集、整理、鉴定等工作归档建立的设备档案。设备档案可以分为前期资料及后期资料两部分。

4.2.2.1 前期资料

前期资料是指从设备规划开始到试运行结束这段时间的主要文件，包括：设备选型论证和申请、检验合格证及有关附件、设备装箱单、设备安装工程竣工验收单、固定资产验收移交单等。

4.2.2.2 后期资料

设备履历表：要求车间设备管理人员建立本车间设备履历表，及时记录设备所发生的故障、维修、更换备件、停用、封存等情况，设备动力科进行监督。

4.2.3 设备移装

是指设备调动或安装位置的移动。属于事业 ×× 范围内转移的，由原使用部门填写《长城汽车（制造 ××）固定资产转移移交单》，经设备动力科科长同意，报制造部部长审批方可移装；若属于股份公司范围内的调动，必须经总经理批准。（具体见《固定资产管理规定》）

4.2.4 设备封存及启用

凡停用 3 个月以上的设备，由使用部门填写《设备停用/封存申请单》，经设备动力科科长审批后，报制造部部长批准，转财务部门停止该设备的折旧。批准后的设备就地封存，切断电源，放净油（水）箱，将设备擦拭干净，导轨及光滑表面涂油防锈，覆盖防尘罩，尽量减缓设备的磨损程度和速度，封存设备使用部门应有明显的封存标志。封存设备开始启用或封存到期时，要求使用部门到设备动力科对封存后启用情况进行登记。

4.2.5 设备使用管理，设备使用基本程序

新工人在独立使用设备前，必须由所在部门相关技术人员对其进行设备结

构、性能、安全操作、检修保养等方面的技术知识和实际操作与培训，合格后方可上岗。购置新型设备投入生产时，同样对操作者进行必要的技术与操作指导及培训。

使用设备必须在谁使用谁保养的原则下，实行定人定机制度，实行定人定机的目的是确保每台设备都有明确的专人负责，实行专人操作和维护，避免设备使用混乱状况发生，确保设备正确使用和日常保养。使用部门要建立本部门的《设备定人定机台账》，并于每月末对有变动的报设备动力科，更新定人定机台账。

使用部门按照"设备运行记录表"（此表由各部门自行编制，从设备动力科领取编号。）项目填写设备运行记录，车间保存。

使用车间按照点检表内容在规定时间点检设备，并作设备点检记录，车间保存。

4.2.6 设备检修保养

设备检修保养是为了保持设备的正常技术状态、延长使用寿命所必须进行的日常工作，是设备的管、用、养、修等各项工作的基础，也是设备操作工的主要责任。通过擦拭、清扫、润滑、调整等措施对设备进行护理，用来维持和保护设备的性能和技术状况，这些工作称作设备的检修保养（详见《设备保养分级管理制度》）。

设备动力科技术人员协助车间设备主管及保全人员编制《××设备检修保养指导书》和《××设备年度检修保养计划》，由各车间保全主管审核后，经车间主任批准后正式执行；

使用部门按照《××设备检修保养指导书》及《××设备年度检修保养计划》编制本部门的《××设备月度检修保养计划》，并按照计划检修保养本部门的设备，及时填写《设备检修保养记录》。

设备使用部门在节假日、夏季、冬季根据设备具体类型和结构特点，按照《××设备检修保养指导书》编制《××假期设备检修保养计划》，组织开展预防性检修工作。

4.2.7 设备状态管理

使用车间要做好设备状态的管理，对设备状态要进行标识，包括：完好、待修、封存、闲置；建立《设备管理卡》，内容包括：编号、厂家、开始使用日期、设备等级等，明确操作保养者和保全维修者，确认设备状态并根据实际情况填写，做到与"设备运行记录表"、《设备定人定机台账》和《设备停用/封存申请单》保持一致。

4.3 设备故障与预防检修管理

4.3.1 设备故障管理

为了减少以至消除设备故障，必须探索、研究分析故障发生的规律和机理，采取有效措施,控制故障的发生,这就是设备的故障管理。

故障的全过程管理主要包括以下几项内容:信息的收集、储存、统计与分析、故障处理、计划实施及处理效果评价与反馈。

要求车间根据设备运行记录及设备点检收集相应的信息,由车间设备保全人员统计分析,并作出相应的处理方案及纠正预防措施。车间每周一将上周(上周一至上周日)设备运行情况编制《设备周报》报送设备动力科,要求车间设备保全人员针对设备故障,分析问题真因,采取纠正预防措施,设备停机时间30分钟以上(包含30分钟)需填写《设备故障报告书》,由设备动力科技术人员作持续跟踪验证,不断完善。

每月底,设备动力科根据各车间设备周报计算车间设备可动率、设备完好率,汇总信息编制《设备月报》作为考核车间设备管理的主要依据。

4.3.2 设备事故管理

设备因非正常因素造成停产或损坏时均为设备事故。

特大事故:修复费用50万元以上,或由于设备事故造成全厂停产3天以上,车间停产1周以上者为特大事故;

重大事故:关键设备停产一昼夜;设备修复费用达到3万元以上;由人为因素造成全公司供电中断10分钟以上;造成上述情况之一者都视为重大事故;

一般事故:非上述范围者,设备发生事故后,应立即切断电源,要保护好现场,如实上报,并及时组织有关人员进行调查分析,并填写《设备故障报告书》,从中吸取教训。设备发生事故三不放过:事故原因不清不放过;事故责任者认识不深,广大员工警示不大不放过;没有防范措施不放过。

根据设备事故性质、原因和责任,对事故责任者应按情节轻重、责任大小、认识态度分别给予批评教育和经济处罚,触犯刑律者要依法制裁。

4.3.3 设备维修管理

影响设备维修方式选择的因素主要是设备故障特性和维修特性。维修方式的选择,根据设备运行故障规律编制《设备大中修计划》,实施后填写《设备检修保养记录》。

4.3.4 设备委外维修管理

技术含量大、安装精度高、调试复杂的设备,根据其具体的应用环境、使用频次0及设备负荷情况,经过技术人员评审鉴定后,委托专业厂家进行维修叫做设备委外维修。

设备需要委外维修时,由使用车间填写《设备委外维修申请单》提出申请,车间主任确认后,由设备动力科技术人员组织技术评审鉴定,提出处理意见,经设备动力科科长同意后,由制造部部长确认、总经理批准后,由设备动力科组织委外维修。维修结束后设备动力科填写《设备委外维修验收记录》组织竣工验收，填写验收意见，验收合格经设备动力科科长、车间主任确认后转使用车间使用。

4.4 设备改进改装

是指应用新的技术成就和先进经验，改变设备的原结构，给旧设备装上新部件、新装置、新附件，或将单机组成流水线、自动线所采用的技术措施，以改善现有的设备技术性能，使之达到或局部达到新设备的水平。

4.4.1 设备需要改进改装时，由使用部门提出改进改装需求，设备动力科组织制定改进改装方案，组织进行评审方案的合理性并合理分工，经评审认为××有自制能力的由设备动力科安排组织改进；评审判定××没有自制能力的由设备动力科组织委外改进改装，并填写《设备委外维修申请单》，申请经制造部确认、总经理审批后，组织招标、评标、定标，并开始委外施工；设备改进改装结束后由设备动力科进行验收并填写《设备委外维修验收记录》，验收移交后试用1个月，符合实际作业安全生产、环境保护的要求，外观完好，有关图纸资料和安全操作规程齐全，填写《设备改进改装记录》。

4.5 设备报废

设备报废须由设备使用部门填写《设备报废申请单》，写明申请报废的原因，报资产主管部门审核后，经制造部部长确认、总经理批准，由资产主管部门办理固定资产清理手续转交财务部门做账务处理。同时设备使用部门及资产主管部门分别从《设备台账》中注销。

5 相关支持性文件

第四节 深圳某公司自动化升级案例

以深圳某公司自动化升级为案例，介绍管理高度规范化与生产系统集中控制高度自动化的必要性。

一、管理高度规范化

1. 操作规范化

操作管理在微调，不出操作室全部自动化。严格计划检修，每年定检一次，其余时间系统很平稳。

2. 现场规范化

现场很大，管理很规范，甲醇的两个车间现场没有见到一个人定时巡检，现场监控全覆盖。看不到杂物，除了规范的设备外，现场看不到任何杂物，设备很规范，表面的漆干净铮亮，每个阀门的标识很清晰，说明设备不是经常检修的，是平稳运行的体现。现场包机牌发现所有设备及所附属电器、仪表及维修都是同一包机人负责，维修、电修、机修与设备管理人员全部是同一个人。

3. TPM 规范化深入骨髓

该公司的 TPM 推行专员对其公司 TPM 整体情况进行讲解，该公司不仅把深圳公司的 TPM 全套理论落实到实际中，同时公司的推行专员对 TPM 推行中的每个细节都进行了详细的解读。

通过这一点充分说明，公司推行一项新工作效果如何不在工人，核心在于推行负责人的态度与认识，推行专员是否真正清楚推行的核心价值，是否在内心认可，这是能否真正在公司推行出效果的关键。

该公司推行 TPM 前也是东西资料很乱，查找费工费时，推行后在柜子里面的东西，不用开柜就能通过柜角上的照片，清楚知道柜里面都是什么资料，都摆放在哪个具体位置，打开柜门里面摆放的与柜角的照片一模一样，任何时候打开柜必须都一样，柜角的照片上写有该柜的责任人。

4. 从实际入手管理出规范、规范出效益

下一步公司准备从物资备件管理入手，所有物资该退库的退库，现场不能有物资。此前总是担心影响生产，这就是管理流程的问题，物资备件放在仓库总是保养维护得很好，人为损坏的概率没有，但是备件放在现场就不一样了，易造成污染，不经意的人为碰撞而损坏。随着时间的推移等到用时又会出现不合格的情况，要么不能使用，要么影响安装效果，从而影响检修质量。放在现场表面看是为节省检修时间，实际上反而降低了检修质量。

规范管理可以提升效率，自我动手，自我管理。好习惯的培养从自己动手开始，现场规范化管理各类标示都是员工自己亲自动手制作的。

二、生产系统集中控制高度自动化

① 自动化程度的提升与工艺条件的平稳相辅相成，自动化程度越高，调节波动越小，操作条件就会越稳定。工艺条件稳定了自动化才能够实现平稳操作，但是整体来讲还是系统越平稳，事越少。

该公司的自动化集中控制操作室内一百多人，电脑显示器很多，全部立体式放置，显示器上面放着显示器，但是整体环境很安静，井然有序，没有杂乱接电话现象，说明自动化程度达到了，生产条件稳定。

② 公司自动化优化升级迫在眉睫，如果落实执行，需做好以下几项工作。

首先规范技改资金使用，要想降成本必须走技改之路，公司管理层要把精力放到技改上，车间主任的职责是长期保持，创新技改是管理层的重点，分工要明确，定位要准确。技改减员不是强制减员，是通过自动化提升条件达到后的自然减员。

其次，用好奖励政策，如何大力度宣传，如何弘扬宣传，比如化工合成氨流程的改造、设备油路的改造等，生产上的改进、技术创新等，好的事情要大力度宣传，要形成表扬的文化氛围，宣传正能量。

再次，明确设备维修的管理主体依然是车间，规范理顺管理，让车间形成主体意识。

维修管理车间是主体，生产部发现问题就是车间的问题，车间是过程管理，通过索酬索赔、双向否决与维修做好过程管理。

自动化提升需要人员素质达到提升，要通过技能水平的提升，进行实际操作与理论知识的考核，提升人员素质。每月对全体员工进行技能评价，公布张贴，从操作到维修全面管理提升人员素质，最终实现生产大系统的平稳运行。

参考文献

[1] 杨剑. 优秀班组长现场管理. 北京：中国纺织出版社，2012.
[2] 聂云楚. 杰出班组长. 深圳：海天出版社，2002.
[3] 肖智军，党新民. 现场管理实务. 广州：广东经济出版社，2001.
[4] 宋维同. 制造业班组长训练课程. 北京：中国经济出版社，2004.
[5] 王铎，肖彬. 生产运作规范化管理文案. 北京：经济科学出版社，2005.
[6] 陈仲华，李景元. 现代企业现场管理运作实务. 北京：中国经济出版社，2003.
[7] 托马斯·艾伯斯. 一线管理者——基层管理人员成功之路. 北京：中国经济出版社，1992.
[8] 柳萍，张屹. 生产计划与管理运筹. 广州：广东经济出版社，2003.
[9] 潘林岭. 新现场管理实战. 广州：广东经济出版社，2003.
[10] 韩展初. 现场管理实务. 厦门：厦门大学出版社，2002.
[11] 李广泰. 生产现场管控. 深圳：海天出版社，2005.
[12] 李景元. 现代企业现场管理. 北京：企业管理出版社，2001.
[13] 李永华，雷镇鸿. 最新工厂管理实务. 深圳：海天出版社，2002.
[14] 朱少军. 现场管理简单讲. 广州：广东经济出版社，2005.
[15] 杨剑. 班组长现场管理精要. 北京：中国纺织出版社，2006.
[16] 杨剑. 优秀班组长工作手册. 北京：中国纺织出版社，2006.